I0751681

Bajo la sombra del narcisista

Angelica Larios

D.R. Bajo la sombra del narcisista.

Primera edición: 2026.

® Angélica Larios

Diseño de interiores y edición: Angélica Larios.

Todos los derechos reservados, queda prohibida la reproducción total o parcial de esta obra por cualquier medio, sin la previa autorización por escrito del titular de los derechos de autor.

ISBN: 978-607-29-8214-7

Prólogo – Aplausos.

El auditorio se pone de pie. Aplausos largos, sinceros, como un oleaje que avanza hacia mí sin dejar espacio para respirar. Sostengo el micrófono con ambas manos para evitar que se note el temblor. Años de estudio, casos, hipótesis, láminas clínicamente impecables. Acabo de presentar la conclusión de mi proyecto y aun así, en el fondo, sé que nada de lo que mostré describe lo que viven las víctimas.

El maestro de ceremonias me mira con aprobación. Yo sonrío. España me espera. Barcelona me espera. "¿Quién me lo hubiera dicho?", pienso.

El auditorio calla al fin. El foco me calienta la frente.

—Gracias —digo—. Ojalá lo que hoy compartimos ayude a ver lo que no queremos ver.

(Lo digo por otros. No sé todavía que, en realidad, también lo digo por mí.)

Minutos antes

Tras bambalinas repasé definiciones, estadísticas, señales tempranas: refuerzo intermitente, triangulación, gaslighting. Me repetí que la teoría —mi territorio seguro— bastaba para mantenerme a salvo. Que nombrar un patrón era suficiente antídoto.

Al salir, me acomodé el saco, levanté el mentón y me adueñé del escenario. Mostré un video breve. Nadie quedó indiferente. Yo tampoco.

Cuando terminé, pensé que regresaría a mi vida normal. O eso creí. El telón olía a polvo y a luz caliente; me llevé ese olor en el cabello sin imaginar que, días después, ese mismo aroma sería la primera señal de que algo había empezado a cambiar.

Capítulo 1. La convocatoria.

Termino de desayunar como siempre: corriendo, con apenas un sorbo de café tibio y un pan mordido a medias. Llego a la universidad casi volando. En la primera hora debo dar clase al grupo recién ingresado a la carrera de psicología; jóvenes intensos, ansiosos, con esa energía nerviosa de quien no sabe si escuchar o revisar el teléfono.

Yo, en cambio, funciono por método. Siempre he pensado que la puntualidad es una forma de respeto.

Hoy, justo hoy, llego tarde.

—Buenos días, jóvenes. Saquen sus cuadernos, vamos a repasar los apuntes —digo dejando mis cosas sobre el escritorio.

—Buenas noches, maestra —murmura un alumno, probando el límite.

Lo miro apenas un segundo. No vale más.

—Buenas noches, alumnos. Tienen razón. Les pido una disculpa; no es mi estilo llegar tarde. Hoy simplemente no fue posible. ¿Podemos continuar?

La clase fluye. Reviso notas, pregunto, explico. Me esfuerzo en que la discusión no se desborde: la pasión es buena, pero sin forma se convierte en ruido.

Cuando termina, recojo mis cosas con la prisa habitual y camino directo a la biblioteca. Tengo una ponencia que preparar, fichas por cerrar, referencias que cotejar. Quiero enviar el tema antes de que cierre la convocatoria. Me apasiona: estudiar los comportamientos que se esconden detrás de la normalidad, la sonrisa correcta, la cortesía impecable. Personas capaces de destruir en silencio. Depredadores limpios, funcionales, invisibles.

Estoy revisando libros cuando uno de los profesores se acerca.

—¿Qué tal, maestra? ¿Cómo le va? —pregunta, acomodándose frente a mí.

—Bien —respondo marcando una referencia—. ¿Y tú?

—Todo en orden. ¿Ya te enteraste de la nueva convocatoria? Están recibiendo ponencias para representar a la universidad. Viaje incluido. Tu tema encaja perfecto.

Levanto la mirada.

—No sabía. Cuéntame.

Se inclina un poco, como si lo que va a decir necesitara cierta discreción.

—Están seleccionando propuestas por relevancia clínica y social. Lo tuyo tiene fuerza —dice—. Conozco bien al director —dice—. Puedo mencionarle tu proyecto para que no pase desapercibido. Sin pedir nada. Solo orientar la conversación. Que parezca su idea.

Dudo. No quiero deberle nada a nadie.

—Me gustaría que fuera por mérito propio.

—Lo será —dice—. Pero una ayuda no le viene mal a nadie.

Tiene razón. Lo admito.

—Entonces sí, vale la pena intentarlo.

Vuelve a asentir, satisfecho. Yo intento regresar a mis libros, pero mi mente ya está en otro sitio.

Mi vida siempre ha sido sencilla: casa, trabajo, biblioteca. Jardinería los fines de semana. Mi gato. La serenidad de no rendir cuentas a nadie. A veces me pregunto si mi pasividad emocional es protección… o miedo. Tal vez ambas.

Por eso casi no socializo. Y aunque noto cierta insistencia que no alcanzo a descifrar, decido asumir que solo es amabilidad académica.

Pasan los días y sigo sumergida en mi investigación. La fecha límite está encima. Extrañamente, no he visto al profesor Sánchez. Entre clases y consultas no me alcanza el tiempo para preguntar cómo van las cosas. Me concentro en terminar: leer, documentar, subrayar, enlazar ideas, justificar teoría. No es solo un proyecto académico; es algo que me sostiene por dentro.

Finalmente termino todo: referencias completas, estudios que sostienen mis hipótesis, definiciones precisas, casos comparativos. Estoy orgullosa. Decido celebrarlo con un Starbucks y un cuernito, sustituto tardío del desayuno que nunca tomé.

Con laptop, USB y café en mano, llego corriendo a la universidad. Me dirijo a dirección para entregar el proyecto. Y ahí está él.

—Profesor Sánchez —saludo, sorprendida de verlo.

—No imaginé encontrarla hoy aquí —responde. Pero me alegra. ¿Su ponencia está lista?

Hablamos apenas unos minutos. Su atención es puntual, concentrada, como suele ser en él.

—Profesor, debo irme. Voy tarde a clase, disculpe la grosería.

—Usted jamás sería grosera —dice—. Déjeme su material, yo lo ingreso.

—¿De verdad?

—Claro.

Dudo. Otra vez.

—Qué pena con usted. Siempre pidiendo favores.

—Usted no ha pedido nada —dice suave—. Yo lo ofrecí. Lo hago con gusto.

Luego, casi casual:

—¿Le parece si mañana revisamos juntos su propuesta? Podemos hacerlo con un café, si gusta.

—Claro —digo—. Con gusto.

Camino por el pasillo. Todo se siente un poco fuera de lugar. ¿Por qué ahora? ¿Por qué él? No tengo respuestas. Tampoco rechazo la invitación.

Algo dentro de mí empieza a girar. Apenas. Sutil. Inquietante.

Capítulo 2. El anuncio del viaje.

Después de clase, paso a dirección para confirmar que mi proyecto fue entregado. La secretaria me recibe con su sonrisa de "sé algo que tú no".

—Profesora, su trabajo no solo fue recibido. Está preseleccionado. Pero aún no es oficial. Le pido discreción.

Discreción. La palabra se expande por dentro. Agradezco y salgo flotando por el pasillo. No pienso en Sánchez. O eso digo.

La mañana siguiente avanza como siempre. Clases, tareas, consultas. La rutina que conozco. Al final del día, ya cansada, camino hacia la salida.

Y él está ahí. Como si supiera exactamente a qué hora salgo.

—¿A dónde con tanta prisa? —pregunta, esa voz tranquila que no necesita volumen.

Había olvidado el café por completo.

—Profesor, discúlpeme… lo olvidé.

Él sonríe como quien ya lo sabía.

—¿Me está cancelando?

—No, de ninguna manera.

—Vamos. Tomamos un café cerca y después la dejo donde me indique.

—Claro.

Caminamos hasta su auto. Me abre la puerta. Un gesto antiguo, ensayado, efectivo. En la cafetería todo fluye: universidad, alumnos, bromas pequeñas. Nada impropio. Solo presencia. Atención sostenida. Miradas que duran medio segundo más. Descubro que el profesor Sánchez es simple y sencillamente encantador, educado, atento.

En el regreso camina entre la calle y yo. Protector. O estudiado. No sé. Me deja en casa. Se despide.

—La pasé bien.

—Yo también.

Cierro la puerta. Apoyo la espalda en ella. Me repito que no estoy confundida. Ni nerviosa. Ni emocionada. La verdad es que estoy inquieta. Muy levemente. Como una cuerda que vibra sola.

La ciencia dice que el primer signo de peligro no es la intensidad, sino la comodidad inmediata. La sensación de que todo “se da” sin esfuerzo.

Yo no pienso en eso. No todavía. Solo pienso que tuve un buen día.

En casa, el silencio me recibe. Mi gato levanta la cabeza desde el sillón. Lo acaricio. Dejo el bolso, me sirvo agua. La casa huele a tierra húmeda por las plantas. Me calma. Me recuerda que algunas cosas crecen lento, sin ruido.

Leo un libro. O lo intento. El mismo párrafo tres veces. Hay un hilo suelto en mi atención. Algo se movió hoy. No sé qué.

Mañana será un día normal. Eso creo. Eso quiero creer.

Al día siguiente estoy concentrada en mis clases hasta que toca la asistente del director.

—Profesora, el director la solicita.

Camino al ritmo habitual, aunque algo me late rápido por dentro.

El director me da la noticia con su formalidad medida:

—Felicidades, su ponencia fue seleccionada para el Congreso de Barcelona.

Respiro hondo.

—Además —añade— habrá un taller previo en Miami con un grupo reducido de investigadores nacionales y otros internacionales para prepararnos para la conferencia. Usted está incluida entre los seleccionados.

Salgo de la oficina con el logro y una inquietud suave mezclándose en el pecho. No pienso en Sánchez. O trato. Pero cuando paso por el pasillo donde él da clase, ya está ahí.

Esperando. Su sonrisa es pequeña, precisa. Intencional.

Ahí lo supe —aunque no lo dije—: no iba a hacer ese viaje sola.

Capítulo 3. Miami (señales).

Llegado el día del viaje, cada profesor tenía programado su propio vuelo. Para reducir costos, la universidad asignó habitaciones compartidas: compañeros del mismo sexo. Por fortuna, me tocó con la maestra Elia, con quien llevaba una buena relación. Viajamos juntas, rentamos un carro y nos instalamos en el hotel sede del taller.

La primera tarde fue libre. Después del trayecto, del aeropuerto y de arrastrar maletas, la ciudad se sentía distinta. El calor húmedo de Miami se pegaba a la piel, espeso, como si el aire fuera más lento de respirar. Caminamos por avenidas amplias, entramos a centros comerciales, nos detuvimos en cafés pequeños. Había un tono de vacaciones intentando mezclarse con la formalidad del viaje académico.

Por la noche, los profesores nos reunimos en una cena informal. Risas, anécdotas, esa camaradería que nace cuando todos compartimos cansancio y expectativas. Y, como siempre, también estaba él.

El profesor Sánchez se acercó a mi mesa con una sonrisa ligera, como si no hubiera tenido que cruzar la sala para llegar hasta mí. No dijo nada fuera de lugar. No buscó contacto físico. No hubo insinuación evidente. Solo se sentó a mi lado con una naturalidad tan perfectamente encajada que no supe en qué momento ocurrió.

—¿Lista para mañana? —preguntó, mirando su copa en lugar de mirarme a mí.
—Sí. Creo que sí —respondí.

Nada extraordinario en esa conversación. Pero su tono tenía una suavidad medida, como alguien que controla no solo lo que dice, sino cuándo respira. Me reí, él también, y todo transcurrió normal.

O casi.

La mañana siguiente, el salón del hotel estaba iluminado por luces blancas y uniformes. Proyectores encendidos. Carpetas ordenadas en cada mesa. Todo funcional, metódico, eficiente.

Mientras revisábamos hipótesis y cuadros sinópticos, sentía algo. No era una mirada fija—él no operaba así—sino una presencia.

Un *estar*.

Como si supiera exactamente en qué momento podía voltear... y, cuando lo hacía, él ya me estaba observando, pero lo suficiente temprano para que pareciera coincidencia.

Siento sus ojos. Parpadeo. Miro la pantalla. Nada pasa. Todo sigue.

Pero mi cuerpo registra algo que mi mente todavía no entiende.

Las sesiones fueron largas y extenuantes. Al final del día, el grupo quería despejarse. Fuimos a un bar de música latina cerca de South Beach. Luces de neón, ritmo cálido, olor a limón y ron.

Risas. Bromas. Chistes entre colegas. Y uno que otro mojito, no podían faltar.

Y, poco a poco, algo más.

Cada vez que alguien contaba algo, él miraba mi reacción antes de decidir su propia respuesta. Como si necesitara calibrar. Ajustar. Acomodarse a mi emoción.

Eso era lo inquietante. No lo que hacía. Sino la precisión con la que lo hacía.

Al regresar al hotel, caminamos por el lobby sin hablar. No era silencio incómodo. Era el tipo de silencio que antecede algo, aunque aún no sabe su forma.

Frente a los elevadores, dijo:

—Buen trabajo hoy.

—Gracias —respondí.

Eso fue todo. Ningún roce. Ninguna palabra ambigua. Solo una frase sencilla que resonó un poco más de lo necesario.

Esa noche, después de la segunda jornada, algunos profesores decidieron volver al hotel. Otros querían seguir conversando. No recuerdo quién sugirió ir hacia la playa. Cuando me di cuenta, el profesor Sánchez y yo caminábamos solos, lado a lado. Los demás habían desaparecido.

Miami de noche tiene un brillo extraño: demasiado pulido, como si la ciudad estuviera maquillada. El aire olía a sal y humedad tibia. La música llegaba desde lejos. Las palmeras apenas se movían, somnolientas.

—¿Cansada? —preguntó él sin mirar.
—Un poco —respondí.

Llegamos a los camastros del hotel, alineados frente al mar oscuro. La luna estaba enorme, amarillenta, como si hubiera decidido bajar un poco más. Me senté. Él se acomodó cerca. No demasiado. Pero tampoco a una distancia neutra.

El mar sonaba persistente. No hablamos durante un rato. En muy poco tiempo, Sánchez se había vuelto alguien cercano. Lo percibía como un guía, un patrocinador, casi un protector. Su cercanía me daba seguridad. Me tranquilizaba el hecho de saber que era casado y que no tendría ninguna intención de tipo romántica o sexual hacia mí. Absorta en mis pensamientos y recuerdos estaba.

Y entonces él habló. Bajito. Directo. Como si la frase fuera para mi piel, no para mis oídos.

—Verónica... me gustaría que estuvieras aquí... encima de mí.

No hubo sonrisa. Ni risa. No fue broma. Fue real.

El silencio que siguió fue pesado. Mi pecho se apretó. No por sorpresa. Por instinto.

No podía decir “no” sin romper la calma. No podía hacer una escena. No podía permitir que pareciera que yo había malinterpretado algo.

Pero tampoco podía quedarme ahí.

—Creo que es tarde —dije—. Mejor volvamos.

Mi voz sonó normal. Incluso amable. Me levanté. Él también. No se disculpó. No reculó. No dijo "fue inapropiado".

Solo cambió de tema. Como si nada hubiera ocurrido. Como si el momento exacto en el que mostró quién era pudiera guardarse doblado entre otras palabras ligeras.

Caminamos hacia el hotel. Los pasillos estaban silenciosos, impecables. La luz, blanca y plana. En el ascensor, él presionó el botón equivocado. Yo, casi en automático, presioné "cerrar" antes de que pudiera volver a entrar.

Reí. Como si ese chiste hubiera borrado lo anterior. Como si todo estuviera normal. Pero mi risa no subió a mis ojos.

Al día siguiente, las sesiones continuaron. Todos discutían metodologías, análisis comparativos, ajustes clínicos. Yo respondía cuando debía, tomaba notas. Por fuera, nada había cambiado.

Por dentro, había una sensación difícil de encajar. No era culpa. No era miedo. Era algo más tenue, como si una parte de mí quisiera mirar de frente lo que pasó… y otra lo hubiera guardado en un cajón cerrado con llave.

Él se comportaba como siempre. Sin referencias al momento en la playa. Sin miradas directas. Sin nada que pudiera mal interpretarse.

Una normalidad demasiado limpia.

Al finalizar la jornada, algunos subieron a sus habitaciones. Otros fueron a cambiarse para salir. Yo estaba todavía procesando todo cuando el director se acercó.

—Profesora Verónica —dijo con tono cordial—. Solo un recordatorio: no haga cosas buenas que parezcan malas.

El comentario cayó suave. Sin juicio. Sin advertencia explícita. Pero con un peso pequeño que se hundió detrás de mi esternón.

Asentí. No porque estuviera de acuerdo, sino porque no sabía cómo abrir esa puerta.

—Claro —respondí.

Esa noche, cuando subí sola al elevador, me vi reflejada en el acero pulido. No parecía distinta. No había dolor. Ni culpa. Ni derrumbe. Solo inquietud.

Solo una pregunta suave:

¿Qué fue lo que pasó realmente anoche?

Y antes de que pudiera intentar responderla, mi mente cerró la puerta:

No ahora. Mañana. Mañana no lo pensé. Ni pasado. Ni después. Hasta que fue demasiado tarde.

Capítulo 4. Monterrey, la primera frontera.

El regreso a México fue rápido, casi brusco. Cada profesor tomó su vuelo en horarios distintos. Las maletas, el aeropuerto, el ruido familiar... todo parecía exactamente igual que antes del viaje. Pero yo no lo estaba, aunque todavía no sabía explicarlo.

El semestre siguió su curso. Clases, listas de asistencia, pasillos llenos de voces jóvenes. La biblioteca volvió a ser mi lugar habitual, aunque esta vez me costaba un poco más concentrarme. No en el contenido. En mí. En mi respiración. En la manera en que mi pensamiento parecía esquivar un punto que no quería nombrar.

No busqué a Sánchez. Y él tampoco me buscó. No mensajes. No llamadas. No café después de clase. Nada.

Una ausencia tan pulcra que parecía estrategia.

Un par de semanas después, el director me llamó:

—Profesora, la necesitamos en Monterrey —dijo—. Habrá un intercambio académico previo al Congreso. Mesas de trabajo, conferencias breves, revisión metodológica. Usted y el profesor Sánchez representarán a la facultad.

Mi estómago se contrajo apenas un instante. Lo suficiente para que yo lo notara; lo justo para poder negarlo.

—Claro —respondí—. Con gusto.

No fue gusto. Fue inercia. Y el silencio —ese silencio que yo misma sostenía— también era una forma de avanzar en la dirección equivocada.

Viajamos juntos. En el aeropuerto éramos dos colegas; en la sala de espera, dos conocidos, amigos pero sobre todo dos compañeros; en las conferencias, dos académicos que conocían el ritmo del otro. Todo fluía con una normalidad tan perfecta que ahora entiendo que era una señal.

En Monterrey, las jornadas eran largas. Conferencias, talleres, reuniones rápidas con universidades invitadas. Por las noches, cenas ligeras con el grupo. Risas discretas, conversaciones prácticas.

Pero había algo distinto esta vez. No en lo que él hacía, sino en lo que no hacía. En la exactitud con la que sabía aparecer y desaparecer. En ese equilibrio calculado. Como quien afina cuerdas sin que nadie lo note.

La última noche, después de cenar, salimos a caminar. La ciudad estaba tibia, con ese olor a concreto caliente que queda después del sol. Las luces de los bares se mezclaban con la música lejana.

Hablábamos de nada importante: alumnos, teoría, viajes, Barcelona. Yo estaba cansada. Él también, supongo.

Y entonces ocurrió. No hubo pausa. No hubo pregunta. No hubo advertencia. Solo un movimiento mínimo: él se inclinó hacia mí, la boca casi rozando la mía.

Mi cuerpo se quedó quieto. No reaccioné. No porque quisiera. No porque dudara. Simplemente porque mis pensamientos llegaron después a mi cuerpo.

Me aparté despacio, sin brusquedad.

—No me siento preparada —dije. Mi voz no tembló. La frase salió casi como una disculpa.

Él asintió, sin sorpresa, sin incomodidad. No insistió. No reclamó. No empujó.

Ese era su estilo: no forzar, sino registrar. Esperar.
Caminamos de regreso al hotel sin hablar más. La noche siguió como si nada hubiera ocurrido. Las calles, iguales. El clima, igual. La ciudad, igual.

Yo no.

A la mañana siguiente, el día amaneció como cualquiera. Desayunamos con el resto del grupo: café, fruta, pan dulce, planes del día. Nadie habría podido imaginar nada fuera de lugar. Ni una mirada, ni una palabra, ni un gesto delataba la noche anterior.

Sánchez estaba exactamente igual que siempre. Ni más cercano ni más distante. Ni inquisitivo ni evasivo.

Su normalidad era tan precisa que resultaba casi tranquilizadora.

Y yo también actué normal. Ese fue el acuerdo silencioso. Sin nombrarlo. Sin mirarnos para confirmarlo.

Durante la jornada, compartimos mesa, revisamos bibliografía, corregimos diapositivas, analizamos ponencias. Todo racional, técnico, práctico. Nadie habría imaginado nada.

Así operan estas historias. No con tormentas. Sino con continuidad disfrazada de normalidad.

Esa noche, al llegar a mi habitación, me lavé la cara, me puse la pijama y me recosté en la cama. Miré el techo largo rato.

No había nada que analizar. Nada que explicar. Nada que concluir. Solo la percepción de que algo —sin nombre, sin forma— se había movido apenas un milímetro.

Mi cuerpo lo recordaba. Mi mente decidió guardarlo.

Lo veríamos después.

Regresé a mi rutina como si todo pudiera acomodarse solo. Clases, trabajos, alumnos. Las palabras salían de mí como si las hubiera dicho cientos de veces, en otro tiempo, en otra piel. Todo se movía afuera, pero yo me sentía un poco suspendida por dentro.

Él tampoco mencionó nada. Nunca bromeó. Nunca insinuó. Nunca se refirió al intento de beso. La ausencia se acomodó entre los dos como una línea callada que ninguno cuestionó.

Seguimos preparando el Congreso. Documentos, cuadros, análisis, metodologías. Cuando coincidíamos en pasillos, todo era estrictamente profesional, estrictamente cordial.

Y así, sin evento visible que marcara el cambio, la fecha del viaje llegó.

—¿Tienes planes después del congreso? —preguntó él días antes, revisando sus diapositivas.

—Todavía no —respondí.

—Yo pensaba aprovechar que ya estaremos allá —dijo, con absoluta neutralidad—. París está cerca. Tal vez convenga dividir gastos: hotel, transporte… nos saldría más barato.

Lo dijo como quien habla de logística. Ni una insinuación. Ni una sonrisa. Sencillo. Práctico. Eficiente.

—Tiene sentido —respondí. Lo tenía.

Nunca pensamos que esa decisión —tan aparentemente racional— sería el punto exacto en el que las cosas empezarían a cambiar.

Hice mi maleta con disciplina: ropa doblada con cuidado, libros ordenados, presentación impresa. Todo en su lugar. Todo controlado. Todo en orden afuera para no pensar en lo que ya empezaba a moverse por dentro.

En el aeropuerto, el grupo parecía una fotografía conocida: tarjetas de embarque, café tibio en vasos de cartón, conversaciones ligeras. Solo éramos un conjunto de académicos listos para cruzar el Atlántico. Nadie habría sospechado nada.

Ahí comenzó Barcelona. La primera. La que todavía no sabía que era preludio.

Capítulo 5. Barcelona: El límite roto.

Llegamos a Barcelona agotados. Once horas de vuelo dejan el cuerpo en una especie de pausa, como si la carne llegara después que la mente. El hotel olía a madera vieja y café tostado. Apenas cruzamos la recepción, cada uno tomó su llave. Subimos en silencio: no había espacio para nada más que dormir.

A la mañana siguiente, desperté con el cuerpo rígido. Dolor en la espalda, cuello tenso, hombros endurecidos como si hubiera dormido sobre piedra. El estrés del congreso, el viaje, las semanas previas... todo se acumulaba.

En el desayuno, él lo notó.

—¿Estás bien? —preguntó, con esa voz baja que podía confundirse con preocupación.

—Me duele todo —admití—. Dormí fatal.

Él asintió con una certeza inquietante, como si ya lo hubiera previsto.

—Sé dar masajes —dijo, rozando con los dedos la zona tensa de mi cuello. Un gesto tan natural que parecía permiso, aunque yo no lo había dado. Te puedo ayudar, si quieres.

Lo dijo sin sonrisa, sin doble intención aparente. Suavidad quirúrgica. Propuesta "lógica". Yo dudé medio segundo. No porque sospechara algo. Sino porque no sabía cómo decir que no sin parecer exagerada.

—Está bien —respondí.

Dije que sí como quien acepta ayuda de un colega. Como quien quiere creer que no está pasando nada fuera de lugar.

Subimos a su habitación.

La luz blanca del techo caía directa sobre la cama. Fría. Clínica. Nada de ambiente cálido. Nada que sugiriera cuidado. Dejé mis cosas a un lado, todavía adolorida.

—Recuéstate —me indicó—. Boca abajo.

Natural. Preciso. Sin pausa.

Me quedé en ropa interior, más por asumir que "así se hacía" que por verdadera comodidad. La luz encendida hacía que mi piel se sintiera más expuesta de lo necesario. Yo intenté convencerme de que era normal, de que yo estaba exagerando, de que él solo quería ayudar.

Al principio, sus manos presionaron los músculos tensos: hombros, trapecios, cervicales. Sentí alivio inmediato. La respiración se me aflojó sin pedir permiso. Mi cuerpo agradecía.

Pero después, el recorrido cambió.

De los hombros bajó a la cintura. De la cintura, a la espalda baja. Y luego, al borde de la cadera.

Lento. Consciente. Incompatible con un masaje. El preguntaba de forma recurrente si lo estaba haciendo bien, si me sentía bien, si me estaba ayudando, a lo cual yo asentía. Seguía pensando en que era bueno dando masajes y me estaba ayudando con un problema físico que yo sentía.

Pensé que quizá era parte de la técnica. Que no debía exagerar, que no era para tanto. Pensé demasiado... En un momento, me pareció escucharlo decir en voz baja pero lo suficiente para que yo lo escuchara. "Dios, perdóname por pecar".

En determinado momento sentí una erección. Fingí no notarla.

Entonces lo escuché decir, suave:

—El calzón estorba —dijo, como si solo nombrara un obstáculo técnico.

Y sin esperar respuesta, lo retiró. Él. No yo. Yo no había dicho que sí. Tampoco había dicho que no. Estaba congelada.

El aire frío me tocó primero. Después, la realidad.
Mi cuerpo no se movió. No por aceptación. Sino porque no sabía cómo detener algo que había empezado bajo el disfraz de ayuda.

Sus manos bajaron por las piernas. Pantorrillas. Muslos. Interior del muslo. No fue brusco. No fue violento.

Eso era lo más confuso.

Mi respiración se volvió pequeña, como si tuviera que pedir permiso para existir. Mi mente trató de organizar frases. Ninguna salía.

Esto no es un masaje, pensé. Pero no podía ponerle nombre. Todavía no.

—Voltéate —dijo.

Mi cuerpo obedeció antes que mi voluntad. Lo hice por inercia. Como quien sigue una instrucción en un consultorio. Me cubrió con una toalla, pero era un gesto vacío: un disfraz de inocencia.

Sus manos siguieron. Más lento. Más cerca. Más dentro de mi espacio. Yo no dije “no”. No dije “detente”. No dije nada. No sabía todavía que podía decirlo.

Él terminó con una sonrisa apenas visible. La expresión de quien cree haber cimentado algo. Algo que yo no había elegido. De quien piensa que ahora hay intimidad.

Agradecí. Sonreí también. No porque quisiera.

Porque no sabía cómo salir de ahí de otra manera.

Capítulo 6. Barcelona: la validación.

La mañana del congreso amaneció luminosa, casi insolente. Dormí mal por el dolor, por los nervios, y por algo más que aún no podía nombrar.

Él estaba radiante en el desayuno. Tranquilo. Impecable. Como si la noche anterior hubiera sido un trámite del que no valía la pena hablar.

—Lista para brillar hoy, profesora Verónica —dijo, con una media sonrisa ensayada.

—Lo intentaremos —respondí, evitando pensar en sus manos donde no debían estar.

Caminamos hacia el recinto junto a los demás profesores. Él avanzaba a mi lado con esa presencia que se siente apoyo y amenaza al mismo tiempo. No hacía nada visible… y eso era exactamente lo inquietante.

Mi presentación fue impecable. O eso dijeron. El auditorio lleno. Atención total. Algunos tomaban notas. Otros asentían. Otros observaban con interés clínico.

Hablé de señales tempranas, de refuerzo intermitente, de la violencia que no deja moretones. Hablar del narcisismo frente a especialistas siempre me había resultado estimulante. Ese día, fue distinto. Como si mis palabras llevaran algo de mí que yo todavía no entendía.

Los aplausos fueron cálidos, largos. Un par de colegas me felicitaron. Sánchez también.

—Te lo dije —comentó mientras caminábamos entre los pasillos—. Tenías todo para romperla.

No era un cumplido vacío. Me miró como si poseyera una lectura privada de mí. Una que yo misma no tenía.

El resto de la jornada se fue entre mesas redondas, fotos institucionales y cafés apresurados. Las miradas entre nosotros eran más frecuentes, pero no explícitas. No éramos pareja. No éramos amantes. Pero tampoco éramos solo colegas.

Ese terreno gris donde empieza a respirar el riesgo. En la cena de clausura, él se sentó a mi lado sin preguntar. Bromeamos. Reímos demasiado.

Él sabía calibrar mis silencios y mis risas con una precisión que daba miedo si se pensaba dos segundos.

Hubo un momento, fugaz, en que nuestras manos se rozaron sobre la mesa. No nos miramos. Tampoco retiré la mía. Ese fue el segundo límite que se movió.

Al regresar al hotel, aún con la emoción del día, él dijo:

—Mañana empieza la mejor parte, ¿no? París.

Lo dijo sin insinuación abierta. Sin tono romántico. Solo... entusiasmo compartido.

Dos profesores que habían decidido dividir gastos para conocer Europa. Eso vería cualquiera desde afuera.

Dentro de mí, algo vibró. No por él. Por lo que me hacía sentir: un peligro disfrazado de excepción. Esa mujer que siempre había evitado enamorarse tenía ahora una grieta. Pequeña. Silenciosa. Pero abierta.

La noche terminó sin gestos impropios, sin intentos, sin palabras fuera de lugar.

Pero algo había cambiado. Y los dos lo sabíamos.

Capítulo 7. París: La seducción disfrazada de destino.

Después del congreso, cuando todos regresaron a México, nosotros nos quedamos. Éramos los únicos que habíamos planeado extender el viaje. lo habíamos decidido sin hablarlo demasiado, como si fuera algo simplemente lógico, como si fuera algo natural, casi inevitable. Un acuerdo tácito que había tomado forma sin que ninguno se lo atribuyera.

La estación de tren estaba llena. Maletas rodando, anuncios en varios idiomas, bocinas que llamaban a destinos que no conocíamos. El aire olía a café fuerte y metal tibio. La vida seguía su rumbo alrededor de nosotros, pero yo sentía una quietud rara dentro del pecho: como si el tren no fuera a llevarnos solo a otra ciudad, sino a una versión distinta de lo que venía después.

Nos sentamos uno frente al otro. La ventana mostraba una Barcelona que se alejaba con lentitud. Hablábamos de trivialidades —libros, plazas, clima, arquitectura—, cosas que no pesaban. Yo agradecía la ligereza. La necesitaba más de lo que quería admitir.

Y entonces ocurrió. Un gesto mínimo. Su mano rozó la mía al acomodar la bandeja. Los dedos que no se retiraron de inmediato. Solo un segundo más. Un segundo que sabe demasiado.

El cuerpo siempre siente antes de que la mente entienda. No sabía si retirarla convertiría ese segundo en algo que yo no quería nombrar todavía.

No por deseo. No por aceptación. Sino por algo más tenue, más triste: no sabía si retirarla sería exagerado, dramático, infantil. No sabía si hacerlo lo convertiría todo en un problema que yo no tenía fuerzas para nombrar.

Todavía tenía miedo de parecer ingenua. O ridícula.

Él tampoco insistió. No sujetó. No atrapó. Sólo dejó que ese contacto se volviera recuerdo, como un hilo invisible que se queda entre la piel y la duda.

Había una suavidad peligrosa en esa cercanía. Un calor tenue que no quemaba, pero se expandía. Me sentí acompañada. Vista. Elegida.

Y, al mismo tiempo, sonó dentro de mí esa frase que llevaba meses escondida: Está casado. Como una campana que no deja de sonar. Tiene hijos. Como una puerta que nunca estuvo abierta.

Y aun así —o por eso— se sentía hermoso y peligroso a la vez.

No dije nada. Miré por la ventana. El paisaje cambiaba: campos verdes, estaciones pequeñas, túneles que nos tragaban y nos devolvían a la luz. Él habló de París. Yo asentí. La distancia entre nuestras manos siguió siendo pequeña. La clase de pequeña que no se ve, pero se siente.

París no necesita presentación. Se reconoce antes de tocarlo. Se siente en la piel apenas se llega, como si el aire tuviera memoria. Como si el tiempo ahí pasara distinto. Después de hacer el check-in y dejar las cosas en la habitación, decidimos salir a dar un paseo.

Caminamos sin prisa. La ciudad se desplegaba sola: puentes de piedra, cafés diminutos, ventanas antiguas con macetas de geranios. La luz era dorada, limpia, una luz que parecía querer mostrarse sin presumir.

Él caminaba a mi lado. No adelante. No detrás. A mi lado. Y ese detalle silencioso significó algo, aunque no supiéramos aún qué.

Hablábamos de todo y de nada: de los libros que amábamos, de los estudiantes que nos habían marcado, de lo que queríamos ser cuando éramos jóvenes y de lo que terminamos siendo. Esas pláticas que parecen casuales, pero que sostienen la ilusión de intimidad.

Y apareció una sensación que me era ajena: ligereza. Ese era el verdadero peligro. Yo, que siempre había sido medida, exacta, contenida. Yo, que había preferido la estabilidad al riesgo. Yo, que había evitado sentir demasiado por miedo a desbordarme…

Estaba experimentando algo que no conocía. Y eso me conmovía. Y me asustaba.

Cuando su mano volvió a rozar la mía, esta vez no la retiré de inmediato. No la tomé tampoco. Sólo dejé que el contacto existiera. Un medio segundo. Tal vez menos.

Pero suficiente para que mi cuerpo lo registrara.

Apareció la frase: Se siente bien. Y detrás, inseparable: No debería. Y luego, bajito, como una confesión muda: Pero no quiero detenerlo.

No era amor. No era deseo pleno. No era destino romántico.

Era la experiencia peligrosa de sentirse vista. Elegida. Incluida en un "nosotros" que no existía... pero que él sabía insinuar.

Y aunque sabía —con claridad dolorosa— que ese camino no llevaba a un lugar seguro, no retrocedí.

Porque, por primera vez en mucho tiempo, no quería sentirme a salvo. Quería sentirme viva.

La rueda de la fortuna

Caímos de casualidad frente a una enorme rueda de la fortuna en la Place de la Concorde. El cielo empezaba a oscurecer y las luces encendían una a una, como si la ciudad respirara. Había olor a azúcar, a asfalto tibio, a verano que no quiere irse.

- "Vamos", dijo, y esta vez sí tomó mi mano para guiarme hacia la fila. No la solté. No fue pregunta. Fue invitación. Subimos.

La puerta de la cabina se cerró con un chasquido metálico, preciso, y el mundo empezó a elevarse con una lentitud que se sentía inevitable. Desde arriba, París parecía una maqueta luminosa: la Torre Eiffel recortada contra el cielo morado, los puentes sobre el Sena como cintas doradas, los tejados grises extendiéndose hasta donde alcanzaba la vista.

Él me miró. Yo sostuve su mirada. No era reto. No era desafío. Era reconocimiento.

Una complicidad silenciosa, nueva, peligrosa. Como si por primera vez estuviéramos viendo al otro sin máscaras... aunque en realidad era lo contrario: estábamos empezando a usarlas mejor. Algo en su mirada trastocaba la lógica del día. Como si el viaje hubiera sido planeado por otra persona dentro de mí.

Sentí algo abrirse en mi pecho. No de amor. De vértigo.

La altura, la cercanía, el silencio suspendido entre los dos. Todo era demasiado. Demasiado claro. Demasiado fácil. Demasiado inevitable.

Cuando la rueda comenzó a descender, inhalé más hondo, como si necesitara anclarme a mi propio cuerpo.

Él sonrió primero. Yo después. Un pacto sin palabras. Todavía no. Pero ya empezamos.

Capítulo 8. Alicia: Inadvertida.

Una mañana fría —de esas que en la ciudad parecen más densas que el concreto mismo— me deslizo por el tráfico con el cerebro todavía a medio despertar. Siempre la misma rutina: levántate, arréglate a medias, desayuna algo corriendo, toma tus cosas, súbete al carro y lánzate a sobrevivir en una ciudad que nunca está de humor para nadie.

Mientras avanzo entre claxonazos y paradas bruscas, repaso la lista mental de pendientes. La facultad siempre exige más de lo que ofrece: estudiantes con crisis existenciales, informes interminables, sesiones de tutoría, algún paciente del servicio psicológico que llega sin cita porque "no puede más".

Y además la sonrisa institucional, esa máscara que uno debe usar como parte del uniforme.

Después de varias vueltas por el estacionamiento —viejo, saturado, siempre con olor a humedad— por fin encuentro un espacio.

Tarde, pero a tiempo. Así es mi vida: caos administrado.

Camino hacia la entrada del edificio principal, donde todos debemos registrar la entrada con una máquina de tarjeta que parece salida de los ochenta.

¿Universidad nacional?

Sí.

¿Burocracia resistente al cambio?

Más sí.

Mientras avanzo, mis pensamientos se atropellan. Tengo la mala costumbre de observarlo todo: gestos, silencios, tensiones. Deformación profesional. Ser psicóloga es eso: observar incluso cuando una quisiera descansar de sí misma.

—Buenos días, amiga —escucho detrás de mí.

Sandra.

Mi salvavidas emocional.

—Buenos días —respondo, agradecida de ver una cara amable entre tanta rigidez institucional.

—¿Qué tal tu fin de semana?

—Bien... lo mismo de siempre. ¿Y tú?

—Intentando descansar. Ya sabes, descansar para mí es un mito.

—Anda, vamos. Hoy se viene duro —le digo.

—Sobre todo tú. Los lunes nunca te caen bien.

Subimos al elevador lleno. Miradas al techo, respiraciones contenidas. La vida universitaria tiene glamour solo desde lejos; desde dentro es puro cansancio envuelto en papeles membretados.

Llegamos al piso donde está mi cubículo. Llevo poco tiempo aquí, recién graduada, todavía con el olor fresco del servicio social y la ilusión ingenua de que la universidad sería un espacio idealista.

La ilusión duró poco.

Apenas entré, me asignaron una mezcla absurda de tareas administrativas y funciones de apoyo psicológico para estudiantes. Nada formal, nada definido. Un híbrido que todos aprovechan y nadie reconoce.

Mi jefe —un hombre cuya necesidad de control era evidente y cuya sensibilidad emocional brillaba por su ausencia— me entrevistó con una lista de preguntas personales que nada tenían que ver con el puesto: matrimonio, hijos, “plan de vida”.

Una joyita. Acepté por necesidad. Y porque pensé que ahí podría crecer.

Ingenua, sí.

Con el tiempo, descubrí que esta oficina es un ecosistema de egos heridos, jerarquías absurdas y competencias silenciosas. Y yo, la nueva, joven, preparada y con espíritu crítico, soy vista como un riesgo.

Algo que controlar. Algo que desgastar.

Mis días transcurren entre crisis estudiantiles, papeleo aburrido y el esfuerzo constante por no perderme a mí misma en medio del ruido. Al final de cada jornada, corro a casa para refugiarme en la comodidad estable —aunque un poco apagada— de mi relación de años.

Mi pareja era mi puerto... pero un puerto sin movimiento. Nos queremos, sí. Pero vivimos en piloto automático.

Y ahí, justo en esa grieta silenciosa entre estabilidad y tedio, el futuro estaba preparando su entrada.

Aún faltaba que él entrara. Y cuando lo hizo, lo hizo como entran las amenazas que nadie reconoce hasta que ya es tarde: sin ruido, sin prisa, sin que yo me diera cuenta.

Capítulo 9. El primer desplazamiento.

La mañana avanzaba entre pendientes y estudiantes que llegaban sin cita: unos llorando, otros en crisis por un examen reprobado, otros con rupturas y urgencias emocionales que llegaban como avalanchas, inesperadas y agotadoras. Era uno de esos días en los que el cansancio mental empieza desde temprano, sin pedir permiso.

A media mañana, mientras ordenaba expedientes y revisaba el correo institucional, apareció un mensaje del área académica:

"Alicia, necesitamos que apoyes al profesor visitante que llega hoy para la conferencia del ciclo de investigación. Favor de acompañarlo durante su estancia y ofrecerle asistencia logística."
—Dirección Académica.

Solté un suspiro largo. Por supuesto. Siempre es Alicia la que "puede encargarse de todo". Y yo, como siempre, aceptando sin pensar.

Respondí que estaba disponible, cerré los ojos un instante para juntar paciencia y seguí con mis pendientes.

Minutos después, Sandra asomó la cabeza por la puerta de mi cubículo.

—¿A que no sabes quién llega hoy? —preguntó con esa chispa de chisme profesional que a veces era mi único respiro en ese ambiente saturado.

—Dime. Total, ya nada me sorprende en este lugar.

—El profesor visitante ese… el de la Facultad de Psicología del norte. Dicen que es brillante… y medio raro. Ya sabes. "Estrella".

Rodé los ojos.

—Perfecto. Seré guía turística, secretaria y psicóloga de contención emocional.

—Anda, tú puedes —dijo riendo.

Quería café. Un litro.

A la hora indicada, fui al lobby. Había una mesa con credenciales, folletos y el café tibio que la universidad siempre compraba cuando quería parecer profesional.

Revisaba la logística cuando escuché una voz masculina detrás de mí:

—¿Eres Alicia?

Me giré. Ahí estaba. **Eduardo Sánchez.** El profesor visitante. El investigador estrella. El hombre cuyo nombre todavía no sabía que iba a convertirse en un punto de quiebre.

La primera impresión fue desconcertante. No era particularmente guapo ni llamativo, pero tenía esa *presencia*. Una calidez medida al milímetro. Una mirada fija —demasiado fija—. Un tono de voz con cadencia ensayada.

—Sí, soy yo —respondí con mi mejor tono profesional.
—Mucho gusto —dijo extendiendo la mano—. **Eres exactamente como me describieron.**

Frase peligrosa. ¿Quién? ¿Qué? ¿Por qué?

—Bienvenido a la universidad. Estoy aquí para apoyarte en lo que necesites.

—Excelente —respondió—. Me gusta trabajar con gente eficiente.

Su mirada decía algo más que sus palabras.

Le mostré el programa del día mientras caminábamos hacia los salones. Él escuchaba con atención, pero también me estudiaba. No era descarado. Era… calculado.

—¿Y tú qué haces exactamente aquí, Alicia?

—Coordino parte del área de apoyo psicológico y proyectos estudiantiles.

—Entonces eres más importante de lo que te das crédito —dijo sin dudar—. Se nota que tienes sensibilidad… y carácter.

Tragué saliva. Representaba el tipo exacto de comentario que toca una fibra íntima, una que ni tú sabías que estaba expuesta.

En el auditorio, mientras ajustaban micrófonos, se inclinó apenas hacia mí.

—Gracias por tu ayuda, Alicia. Me hace sentir acompañado.

No había confianza para ese tono. No había historia previa para tanta cercanía emocional. Pero ahí estaba: una frase suave, aparentemente inocente, entrando directo al sistema nervioso.

Yo sonreí, profesional.

—Para eso estoy. Bienvenido oficialmente. Él sostuvo mi mirada un segundo más.

Ese micro instante en el que sabes que algo empieza… aunque no sepas qué.

El auditorio comenzó a llenarse. Estudiantes cuchicheaban, técnicos corrían, profesores se acomodaban en primera fila para evaluar al invitado.

Yo mantenía mi rol institucional. Él... me observaba.

—¿Llevas mucho aquí? —preguntó mientras le entregaba el control.

—No tanto. Soy parte reciente del equipo.

—Eso explica tu energía —respondió—. La gente nueva siempre ilumina los lugares.

Era un comentario inofensivo... si lo escuchabas superficialmente. Pero su voz tenía esa calidez ensayada, ese ritmo exacto entre elogio y algo más.

La conferencia inició.

Había algo en su carisma que me rozó por dentro sin que pudiera explicar por qué. Humor medido. Dominios sutiles. Autoridad disfrazada de encanto.
No lo entendí entonces. Solo lo sentí. Algo en mí supo que eso no era casual.

Cada ciertos minutos, volteaba hacia mí. No buscando apoyo técnico. Buscándome a mí. Al terminar, los estudiantes lo rodearon. Los profesores también.

Él, sin embargo, se abrió paso.

—¿Qué te pareció? —preguntó en voz baja, como si compartiéramos un secreto.

—Muy buena. Conectaste con el público.

—¿Y contigo?

Esa pregunta. Ese tono.

Había una intención escondida en su tono, una frontera que yo no sabía si debía cruzar.

—Supongo que sí —respondí, intentando sonar neutral.
—Me alegra —dijo—. Siempre es importante saber quién entiende *realmente* lo que digo.

Doble filo. Y yo ya había dado el primer paso.

Al salir, se colocó a mi lado con una cercanía exacta —ni inapropiada, ni inocente—.

—Dicen que hay buen café cerca. ¿Me acompañas? Me ayudaría a ubicarme mejor.

Era razonable. Profesional. Lógico. Pero su mirada decía otra cosa. Y el problema no era él. Era lo que hizo que yo sintiera.

Vista. Considerada. Curiosa. Viva.

—Está bien —dije.

Y así empezó todo. No con fuego. No con seducción explícita. Sino con un café aparentemente inofensivo.

La herramienta favorita de los narcisistas encubiertos: lo cotidiano que se vuelve especial… sin que te des cuenta.

Capítulo 10. Alicia — La puerta entreabierta.

El campus tenía una cafetería pequeña en la esquina del edificio principal. No era gran cosa—mesas de madera desgastadas, olor a pan recalentado, estudiantes estresados tomando café soluble—pero era un refugio temporal para cualquiera que necesitara respirar.

Caminamos hacia allí sin prisa. O mejor dicho, él caminaba sin prisa. Yo trataba de seguirle el paso sin parecer nerviosa.

—¿Vienes mucho a este lugar? —preguntó con naturalidad.

—Cuando me alcanza el tiempo —respondí—. La universidad es un poco… absorbente.

—Sí —dijo sonriendo—. A veces ciega con la gente que realmente sostiene a la universidad.

La frase cayó suave, pero fue directa al centro. Había un tono de reconocimiento, de observación fina. Demasiado fina para alguien que me había conocido hace apenas unas horas.

Nos sentamos junto a la ventana. La luz entraba tibia, iluminando su perfil. Era imposible no notar su postura relajada, casi ensayada, como si su cuerpo supiera ocupar el espacio sin pedir permiso.

Pidió un americano; yo, un latte para engañar el cansancio.

—Cuéntame más de tu trabajo —dijo mientras removía el azúcar—. Pareces alguien muy comprometida.

No era una pregunta inocente. Era una invitación a abrirme.

—Supongo que intento hacer lo mejor que puedo —respondí con cuidado—. Entre alumnos, reportes, sesiones y presión… a veces siento que no me doy abasto.

—Eso no es falta de capacidad —replicó, seguro—. Es falta de reconocimiento.

Me quedé en silencio. Me había descifrado en segundos, o al menos eso parecía. O eso creía yo.

—Nadie te prepara para la sensación de cargar más de lo que deberías —añadió—. Y menos cuando eres una mujer joven en un entorno viejo.

Una mezcla de vergüenza y alivio subió por mi pecho. Era la primera vez, en mucho tiempo, que alguien lo decía en voz alta. Que alguien me veía.

—Bueno... —sonreí, intentando restar importancia—. Es parte del trabajo, supongo.

—No —dijo él, con firmeza tranquila—. No debería serlo.

Había un calor en sus palabras. Un apoyo que no estaba acostumbrada a recibir. Mi pareja me daba estabilidad, sí, pero hacía mucho que nadie me hacía sentir... relevante.

—Tienes una energía distinta, Alicia —continuó. No te pareces al resto.

—¿Eso es bueno? —pregunté, casi sin querer.

—Es excepcional.

Ese fue el primer golpe. Sutil. Preciso. Perfectamente calculado.

—Dime una cosa —añadió—. ¿Siempre has tenido esa mirada tan... despierta?

—¿Despierta?

—Sí. Como si analizaras todo lo que pasa a tu alrededor... y al mismo tiempo estuvieras guardando algo.

Me quedé inmóvil. Esa frase era demasiado certera. Demasiado íntima.

—Debo admitir algo —dijo, bajando la voz y apoyando los codos sobre la mesa—. Eres una compañía sorprendentemente agradable.

—Solo estoy haciendo mi trabajo —respondí.

—No. No es eso —negó suavemente—. Es… *otra cosa.*

Sentí un escalofrío. No de miedo. De reconocimiento. De algo que se despierta aunque no debería.

—Bueno —dije mirando la hora—. Debo volver a mis actividades.

—Claro —respondió él—. Pero gracias. Me has hecho sentir bienvenido.

Caminamos unos metros juntos, y cuando nos despedimos, dijo:

—Alicia…

—¿Sí?

—Me alegra que seas tú quien me acompañe en esta visita. De verdad.

Lo dijo con esa voz cálida que cae justo en el lugar donde una mujer cansada guarda sus dudas más profundas.

Mientras regresaba a mi oficina, sentí algo inesperado: ligereza… y curiosidad.

Algo se había abierto, apenas un filo. Y yo, sin querer, había dado un paso hacia él. Yo aún no sabía que al otro lado no había luz. Había un abismo cuidadosamente disfrazado.

Porque así empiezan estas historias: con un café que nunca fue solo un café.

Capítulo 11. Alicia — La visita inesperada.

Dormí mal. No por algo dramático, sino por un pensamiento que aparecía y desaparecía como una luciérnaga inquieta: **Me escuchó. Me vio. Me entendió.** Y no debería haber sido así. Pero lo fue.

Al llegar a la oficina, la rutina habitual me cayó encima como una losa: correos acumulados, solicitudes urgentes, reportes atrasados, un mensaje pasivo-agresivo de mi jefe. La normalidad en su versión más desgastante.

Estaba respondiendo el tercer correo cuando escuché un golpecito suave en el marco de mi cubículo.

—¿Interrumpo?

Apareció Sánchez, asomándose al marco del cubículo con una sonrisa medida...pero claramente dirigida a mí. Como si estuviéramos continuando una conversación que solo nosotros conocíamos.

—Oh... hola. ¿Necesitas algo? —pregunté, intentando sonar profesional.

—Solo quería agradecerte por ayer —dijo—. Me dejaste una muy buena impresión del campus.

No exageraba. No se insinuaba. Solo decía lo suficiente para sentirse especial… sin sonar impropio.

La técnica perfecta.

—¿Puedo robarte un minuto? —añadió.

Me levanté. Lo seguí unos pasos hacia el pasillo.

—Quisiera conocer mejor el área de atención psicológica —dijo—. Entender cómo trabajan, qué estrategias usan… Sé que tú manejas parte de eso.

Interés profesional. Razonable. Adecuado.

Pero bajo la superficie había otra cosa. Algo cuidadoso, sostenido.

—Claro —respondí—. Te explico cómo funcionamos.

—Me encantaría —dijo, con una mirada que se iluminó apenas—. Tú explicas mejor que nadie.

Pequeño elogio. Calibrado. Dirigido al centro emocional que yo no quería reconocer.

Fuimos al módulo de atención. Él hacía preguntas inteligentes, pertinentes, y entre ellas lanzaba observaciones personales, dichas con una suavidad casi quirúrgica:

—Tienes una forma muy tranquila de explicar. Se nota que te importa.

— Tu forma de explicar es… distinta. Se siente auténtica.

—Debes ser muy buena con los alumnos.

Cada comentario entraba directo en un lugar donde yo no solía recibir reconocimiento. Como si supiera exactamente dónde poner la mano.

De regreso a mi cubículo, se detuvo frente a mí.

—No te quito más tiempo —dijo—. Solo quería decir que fue agradable verte de nuevo esta mañana.

Verte. No “encontrarte”. No “coincidir”. Verte.

Y antes de que pudiera responder, añadió:

—Si llegas a tener un descanso más tarde… me encantaría tomar otro café contigo. Pero solo si tú quieres.

Lo dijo con esa aparente libertad que en realidad es una cuerda invisible tendida entre dos personas.

Luego se alejó sin mirar atrás. Ese retiro calculado era parte de la estrategia: dar un poco de atención, luego retirarse: así se crea la adicción emocional. Encender algo y después dejarlo sin respuesta inmediata.

El refuerzo intermitente. La adicción más silenciosa del mundo.

El resto de la mañana transcurrió como siempre.
Pero, cada tanto, sin querer, sin intención consciente, una parte de mí esperaba volver a verlo.

No lo buscaba. No lo necesitaba. Pero ahí estaba el tirón tenue, casi imperceptible:

¿Y si aparece otra vez?

Y cuando un pensamiento así se instala... ya no estás en el mismo lugar en el que estabas ayer.

El terreno emocional había empezado a inclinarse. Muy levemente. Casi invisible.

Pero ese es siempre el primer movimiento. El que parece nada... y lo cambia todo.

Capítulo 12. Alicia — La espera y el engaño silencioso.

La tarde después de su visita inesperada fue extraña. No pasó nada extraordinario, nada que pudiera contarse como un evento, pero había una sensación nueva en mi cuerpo, como un eco tenue de algo que no debería haberme afectado tanto.

No me escribió.

No había razón para que lo hiciera. No teníamos una conversación pendiente, no había un acuerdo tácito, no existía ningún vínculo formal entre nosotros. Y aun así, mientras revisaba reportes, atendía a estudiantes ansiosos y respondía correos atrasados, una parte de mí esperaba que su nombre apareciera en la pantalla.

No lo hacía. Ese silencio se sentía raro. No hiriente, no doloroso. Solo… incómodo. Como si hubiera empezado algo y luego se hubiera quedado suspendido en el aire.

A media tarde, mientras tomaba un café frío olvidado en el escritorio, escuché una notificación en mi celular. El corazón me dio un pequeño salto absurdo.

No era él. Solo era Sandra mandándome un meme para sobrevivir al día. Me reí, pero el cuerpo no se equivocaba. Había esperanza donde no debía haberla.

Cuando salí de la oficina, el pasillo estaba casi vacío. Respiré hondo para despejar la mente, pero no bastó. Mi pensamiento regresaba a esa sonrisa suya, al tono suave en el que dijo mi nombre, a la manera en que su presencia llenaba espacios que antes no tenían importancia.

Así empiezan estas historias: no con un mensaje, sino con la ausencia del mensaje.

A la mañana siguiente, llegué temprano, antes de que el campus se llenara de ruido y estudiantes. Encendí la computadora, abrí mi correo institucional, preparé las actividades del día.

Y entonces ocurrió. Un mensaje. De él.

Asunto: *Gracias por tu apoyo, Alicia.*

Solo eso ya me tensó el pecho.

El contenido era breve, medido, perfectamente calculado:

"Fue muy agradable conocerte ayer. Transmites tranquilidad en un ambiente que rara vez la tiene.
Si tienes un momento libre más tarde, me gustaría platicar contigo sobre el proyecto que mencionaste. Sin prisa."

Cerré el correo. Lo volví a abrir. No era explícito. No era inapropiado. No había nada que pudiera ser señalado como incorrecto... pero el subtexto estaba ahí, vibrando.

Él era experto en escribir entre líneas. Respondí con un mensaje prudente, profesional, breve. O eso intenté.

Minutos después llegó otra respuesta. Más corta.

"Perfecto. Te aviso cuando esté libre."

La mañana avanzó y yo me descubrí pendiente del sonido de notificaciones. No lo buscaba. No lo necesitaba. Pero esperaba.

Ese es el corazón del refuerzo intermitente: Dar un poco. Retirarse. Encender y apagar. Generar un anhelo que se confunde con conexión.

A media tarde, cuando ya había enterrado la posibilidad de volver a verlo ese día, llegó otro mensaje:

“¿Tienes cinco minutos?”

Cinco minutos. Como si un encuentro así pudiera ser casual.

Nos vimos en el pasillo lateral de la facultad. Él estaba recargado en la pared, con esa calma estudiada que parecía decir “yo tengo control”. Su sonrisa era suave, cuidadosa.

—Solo quería saludarte —dijo—. Ayer fue un día largo y pensé que quizá hoy sería más sencillo para ti.

Era una mezcla perfecta de atención y distancia.
No abría la puerta por completo, pero tampoco la cerraba.

—Gracias —respondí—. Ha sido pesado, sí.

—Se nota —dijo, mirándome con ese interés que parecía personal aunque lo negara.

La conversación duró dos minutos. Quizá tres. Nada que un tercero pudiera interpretar como significativo.

Pero cuando se fue, caminando con esa calma que siempre mantenía, me dejó una sensación tibia en el pecho.

Una sensación que no debería haber estado ahí.
Una sensación que no sabía que estaba buscando.

Esa noche, mientras estaba en casa con mi pareja, noté algo: él hablaba y yo asentía, pero mi mente estaba en otra parte. No con Sánchez. No con su cara. No con su cuerpo. Sino con la sensación.

La sensación de haber sido vista.

Y cuando una mujer que lleva años sintiéndose invisible vuelve a sentirse mirada, el peligro ya empezó.

Capítulo 13. Alicia: El reencuentro.

Un mes después, cuando la vida parecía haber vuelto a su ritmo monótono, Alicia intentaba concentrarse en un reporte interminable del área psicopedagógica. El cursor parpadeaba frente a ella, pero la mente estaba en otra parte: en pendientes, en cansancio, en nada especial.

Hasta que llegó el mensaje.

"Estaré en CDMX esta semana. Si puedes… me gustaría verte."

El estómago se le apretó de inmediato. Esa reacción física la tomó por sorpresa. No era lógica. No era proporcionada. Apenas lo conocía. Solo habían compartido un café y unas cuantas conversaciones.

Y aun así, sintió algo. Un tirón. Un llamado. Una expectativa que no sabía cómo justificar. Respondió con un cuidado obsesivo, midiendo cada palabra para no parecer ansiosa:

"Si mi horario lo permite, claro."

Él contestó casi de inmediato: "Perfecto."

Solo esa palabra, pero cargada de intención. La clase de intención que no empuja, pero arrastra.

El día del reencuentro no fue nada extraordinario. Sánchez simplemente apareció, como si hubiera calculado el momento exacto para no tomarla por sorpresa... y aun así hacerlo.

La saludó con su sonrisa suave, esa que no mostraba los dientes, pero sí la intención. Un gesto estudiado que podía confundirse con amabilidad, pero que ella ya empezaba a reconocer como algo más profundo: una forma de entrar.

—Qué gusto verte, Alicia —dijo con esa voz tibia que parecía envolver.

Ella alcanzó a murmurar un "hola" antes de que él se acercara y la abrazara. No fue un abrazo de colegas. No fue cordial. No fue profesional.

Fue íntimo. Medido. Profundo. No hubo espacio para decidir si quería ese abrazo. Un abrazo que no buscaba saludar, sino recordarle algo que ella no sabía que necesitaba.

El cuerpo de Alicia se tensó solo un instante, el mínimo necesario para registrar la sorpresa. Después, sin decidirlo conscientemente, se aflojó un poco. Lo suficiente para que él notara lo que buscaba notar: la apertura.

Ese gesto —simple, cotidiano, aparentemente inofensivo— fue más significativo que todo lo ocurrido antes. Porque no era solo contacto físico. Era identificación. Era reconocimiento. Era señal.

Un abrazo con lectura emocional. Un abrazo que decía:

"Te elegí." Y peor aún: "Y tú ya lo sabes."

Alicia sintió cómo algo se acomodaba dentro de ella. Algo que llevaba años sin recibir: validación, atención, deseo implícito, una presencia que le hacía sentir nueva.

No enamorada. No perdida. Solo… vista.

Y ahí, en ese abrazo, Alicia comprendió —aunque todavía no pudiera decirlo en voz alta— que ya no tenía control del rumbo.

Él la había elegido. Y Alicia todavía creía que eso era algo bueno.

Capítulo 14. Alicia: La cena que no era cena.

Aceptar volver a verlo no había sido una decisión lógica. Fue un impulso fue un impulso discreto, casi automático, que Alicia disfrazó de cortesía profesional.

Sánchez, por supuesto, eligió el lugar. Un restaurante pequeño, cálido, íntimo sin ser escandaloso. Un espacio diseñado para que la conversación pareciera confidencia y la cercanía pareciera natural.

Él ya estaba ahí cuando ella llegó.

—**No sabía si ibas a venir** —dijo al verla entrar, con una sonrisa que no mostraba dientes, pero sí intención.

A Alicia se le aflojó algo por dentro. —**Tenía tiempo** —mintió, consciente de que había reorganizado media tarde para estar ahí.

Se sentaron. La luz era suave, el sonido ambiente envolvente; él sabía elegir entornos donde las defensas bajaban sin que uno lo notara.

La conversación comenzó con temas neutros: trabajo, estudiantes, clima, tráfico. Pero él, como siempre, no tardó en llevarla hacia un terreno emocional.

— ¿Y cómo te estás sintiendo últimamente? —preguntó con una suavidad peligrosa.

Alicia parpadeó.

—Más o menos.

—¿Y cuándo dices “más o menos”... qué significa? ¿Qué estás cansada? ¿Qué te sientes sola?

La frase la atravesó con una precisión quirúrgica.
Tragó saliva. No sabía cómo alguien que apenas conocía podía leerla así.

Él continuó, inclinándose apenas hacia adelante:
—Tú cargas demasiado. Y nadie lo nota.

Ese golpe emocional cayó directo en el centro del pecho. No era halago. Era una lectura íntima, una confirmación de algo que ni siquiera su pareja había articulado.

Alicia bajó la mirada para evitar mostrar la reacción. Tomó su vaso. Respiró. Pero él ya lo había visto todo.

Durante la cena, mientras hablaban de cosas triviales, ocurrió el gesto. Él movió la salsera y **rozó su mano**.

No fue accidente. Tampoco descaro. Fue **precisión**: lo justo para generar electricidad, lo suficiente para que ella no pudiera nombrarlo como error.

Ella no retiró la mano de inmediato. Él lo registró.

Al salir del restaurante, el aire fresco la despertó un poco, pero no lo suficiente para recuperar la claridad. Caminaban hacia el auto cuando él se detuvo de pronto.

Alicia dio un paso más antes de darse cuenta de que él ya no seguía avanzando. Él la llamó por su nombre, suave:

—Alicia...

Ella volteó. Su mirada era directa. Limpia. Sin brusquedad.

—Si te presionara un poco más...¿me dirías que no?

El mundo se quedó quieto.

Alicia sintió cómo los pensamientos llegaban tarde, como si su cuerpo y su mente ya no fueran un mismo sistema. No debía estar ahí. No debía responder nada. No debía dejar que esa pregunta existiera.

Pero existía.

—**No deberías preguntarme eso** —susurró, sin moverse.

Él sonrió. No triunfal. No arrogante. Una sonrisa pequeña, victoriosa, de quien confirma una hipótesis.

—**Tenía que saberlo.**

Alicia sintió cómo algo se cerraba alrededor de ella y algo más se abría dentro. Una vulnerabilidad nueva. Una entrega silenciosa. Un enganche que ella no sabía aún nombrar.

Sánchez no necesitó tocarla ni insistir. La dejó ahí, desarmada y emocionalmente alineada a él.

Ese fue el momento exacto en el que Alicia dejó de estar en neutralidad. Y sin darse cuenta, ya estaba dentro de su trampa.

Capítulo 15 — Alicia: La línea se cruza.

Alicia intentó dormir, pero el cuerpo se le mantenía tenso y la mente inquieta, como si algo interno estuviera en estado de alerta. No era por lo que había pasado la noche anterior... sino por lo que sabía, con una certeza que le daba miedo admitir, que estaba por venir.

Al amanecer, llegó el mensaje.

“No dejé de pensar en ti.”

Ella quiso ignorarlo. Respiró hondo. Dejó el teléfono a un lado. Pero, aun así, respondió. Una respuesta breve, medida, que pretendía neutralidad.

No funcionó.

A lo largo del día, los mensajes fueron cortos, “inocentes”, pero calibrados: la cantidad exacta para mantenerla encendida. Y cuando ya caía la tarde, él escribió:

“Quisiera verte, solo un momento.”

Alicia dudó. Pero no el tiempo suficiente como para detenerse.

"Sí."
Fue lo que envió.

Se vieron en un estacionamiento discreto, casi vacío, iluminado por luces altas que parecían más hospital que ciudad. Ella llegó primero. El silencio del lugar la hizo consciente de su respiración.

Minutos después, el coche de Sánchez se detuvo junto a ella. Él bajó la ventana, la observó con una atención que parecía casual... pero no lo era y abrió la puerta del copiloto.

—**Solo quería verte** —dijo, como si esa fuera la explicación más natural del mundo.

Alicia se inclinó para entrar al auto. El aire se volvió denso de inmediato, cargado de algo que ninguno de los dos nombró.

Él levantó la mano y, le rozó la mejilla con la punta de los dedos. Un gesto mínimo. Un contacto íntimo. Un permiso pedido sin palabras.

— **Dime si quieres que pare.** —murmuró, mirándola directo.

Alicia cerró los ojos un segundo. Lo suficiente para escucharse. La respuesta salió baja, honesta, inevitable.

—No.

Ese fue el verdadero consentimiento emocional. No al acto físico. Sino a lo que venía detrás: entrega, confusión, dependencia, la siguiente fase del ciclo.

Él la besó con una calma devastadora, como quien sabe exactamente qué detonador está activando y qué efecto tendrá. No hubo prisa. No hubo empuje. Solo una seguridad inquietante, paciente, estudiada.

Alicia respondió.

Sin culpa. Sin resistencia. Sin pausa.

Fue un beso que selló algo más que un momento.
Selló una dirección.

Cuando se separaron, ambos lo sabían:

A partir de ese beso, ya no había regreso posible.

Capítulo 16. Alicia: El punto sin retorno.

Alicia sabía que debía irse a casa. Lo sabía con la misma claridad con la que se sabe que un vaso va a romperse cuando se cae.

Pero no se movió. Y él tampoco lo hizo.

—Puedo llevarte, si quieres —dijo Sánchez, como si ofreciera algo simple, cotidiano, inocente.

Alicia dudó un segundo. No por moral. Porque el corazón le latía demasiado fuerte. Aun así, cerró la puerta del coche.

Durante el trayecto ninguno habló. Era ese tipo de silencio que no pesa, que no incomoda, sino que anuncia. Un silencio que sostiene algo a punto de ocurrir.

Cuando él estacionó, no frente a su edificio sino una calle más oscura, más tranquila, Alicia lo miró confundida.

—¿Por qué aquí?

Sánchez exhaló despacio, como si hubiera elegido cuidadosamente las próximas palabras.

—Porque no quiero que esto termine todavía.

Una corriente eléctrica le recorrió la espalda. Podría haber abierto la puerta y marcharse. Incluso lo pensó. Pero no se movió.

— Esto no era lo que se suponía que debía ocurrir… —murmuró ella, más como una advertencia débil que como un límite firme.

Él se inclinó apenas, lo suficiente para que su voz la envolviera.

— No pensé que fueras a importarme tanto… tan rápido.

Alicia no tuvo fuerza para contradecirlo.

Sánchez, le sostuvo la mandíbula con suavidad… Ella cerró los ojos antes de pensar, antes de evaluar, antes de protegerse. Lo que siguió fue inevitable.

Los besos llegaron sin brusquedad ni sobresalto.
No tenía la urgencia torpe de los encuentros clandestinos, ni la prisa ansiosa del deseo reprimido.

Fueron besos lentos, seguros, firmes. Un beso que parecía saber exactamente dónde entrar para desarmarla.

Alicia sintió cómo se rendían sus defensas, una tras otra, como si su cuerpo hubiese tomado la decisión antes que su mente.

Y cuando él la abrazó, atrayéndola hacia su asiento, la resistencia se apagó del todo.

A partir de ese beso, Alicia dejó de pertenecer a sí misma.

Capítulo 17. Alicia: La entrega completa.

No fue planeado. No fue romántico. Fue inevitable.

Sánchez bajó el respaldo del asiento, la acercó con suavidad, como si necesitara memorizar su rostro antes de ir más lejos.

—Podemos detenernos cuando quieras —susurró.

Alicia lo miró, con la respiración entrecortada.

—No quiero detenerme.

No hubo más palabras.

Las manos de él recorrieron su espalda con una seguridad que daba miedo y consuelo al mismo tiempo. Ella respondió con esa mezcla de curiosidad y hartazgo que solo existe cuando una mujer que lleva años siendo invisible finalmente se siente vista. Vista de verdad.

La ropa cayó entre los asientos como si no tuviera peso. El mundo se estrechó al interior del coche: cristal empañado, motor apagado, respiraciones aceleradas.

Cuando sus cuerpos se encontraron, no hubo lucha moral ni resistencia consciente. Solo deseo. Deseo con culpa, sí, pero deseo al fin. Puro, directo, inevitable.

El encuentro fue primero urgente, luego más lento, luego más profundo. Una entrega que no tenía que ver con amor, sino con sentirse viva. Sánchez había logrado sacar de ella, lo que ella misma no se había atrevido a experimentar con nadie más. Descubrió sensaciones que nunca había permitido salir, ni siquiera con su pareja. Era como si él supiera exactamente qué puerta abrir. Descubrió una forma de tocar que confundía placer con pertenencia, de ese que embriaga y nubla la razón.

Cuando todo terminó, Alicia quedó recostada sobre su pecho, respirando rápido, todavía temblando un poco. El silencio envolvió el coche como una manta tibia.

Él habló primero.

—**Dijiste que no querías detenerte** —murmuró, pasándole los dedos por el cabello.

Alicia sonrió contra su piel.

—**Y tú dijiste que no vinimos a hacer nada.**

Él soltó una risa suave, casi orgullosa. Una risa que no buscaba ternura, sino confirmación.

— **No hay nada de qué arrepentirse**, Alicia.

Ella levantó el rostro y lo miró directo, sin evasión.

—No. No me arrepiento de nada.

El brillo que cruzó los ojos de Sánchez no era amor. Era triunfo.

Pero Alicia aún no sabía distinguir uno del otro.

Capítulo 18. Alicia: La ilusión que parecía amor.

Sánchez la dejó en casa sin soltarle la mano. Antes de despedirse, le tomó el rostro entre las palmas y le dio un beso lento, casi ceremonioso, como si sellara algo que solo él conocía.

—**Esto no tiene por qué ser complicado** —murmuró—. Solo… déjate llevar un poco. **Yo me encargo del resto**.

Alicia quiso creerle. Necesitaba creerle.

Entró a su departamento en silencio. Su pareja dormía. Todo parecía igual, pero algo dentro de ella había cambiado de dirección sin pedir permiso.

A las dos de la mañana, el teléfono vibró.

—**¿Estás despierta?**

Ella sonrió sin poder evitarlo.

—**Sí.**

La respuesta llegó de inmediato:

—**Me gustas mucho.**

Alicia apagó la luz. Por primera vez en años, no pensó en el mañana. Solo en él.

Al amanecer, antes de que pudiera levantarse, otro mensaje:

—Despierta, preciosa. ¿Dormiste?

Un calor suave le recorrió el pecho. No era amor. Era atención. Algo que llevaba demasiado tiempo sin recibir.

—Dormí poco —contestó.

—Normal. Después de una noche así, nadie duerme.

Ese "una noche así" le arrancó una sonrisa culpable.

Durante el día, él fue impecable: atento, cálido, encantador. No apresuró nada, no exigió nada, no mostró ansiedad.

La estrategia perfecta.

Los mensajes llegaban como gotas medidas:

—No puedo concentrarme.

—Se siente raro no tenerte aquí.

—Me encanta cómo me miraste ayer.
—Tu piel... todavía la siento en mis manos.

Íntimo sin ser vulgar. Cercano sin ser explícito. Un equilibrio peligroso.

Era perfecto. **Demasiado perfecto.**

Dos días después, él la invitó a verlo “solo un rato”. Alicia dudó un instante… pero fue.

Sánchez no la besó de inmediato. La abrazó.

Un abrazo largo, cálido, de esos que parecen decir *te faltaba esto y no lo sabías.* Alicia apoyó la cabeza en su pecho sin pensar en nada más.

—**Quería volver a sentirte** —susurró él, como si temiera romper el silencio.

El mundo entero se redujo a esa frase.

Hablaron de todo lo que ella nunca había hablado con su pareja: miedos, anhelos, heridas viejas que creía cerradas. Él escuchaba con una intensidad hipnótica, como si cada palabra suya importara.

Alicia se sintió vista. Entendida. Elegida.

—No sé cómo explicarte lo que me pasa contigo —dijo él—. No debería sentir esto… pero lo siento. **Me haces querer ser mejor.**

—No me digas eso —murmuró Alicia, bajando la mirada.

—¿Por qué no? ¿Te incomoda? ¿O te hace falta?

Ella no respondió.

Entonces él la acarició con la delicadeza calculada de quien sabe exactamente qué decir y cuándo decirlo. No hubo prisas, ni torpeza, ni culpa que pesara más que el deseo.

Esa tarde, Alicia se entregó con una convicción que no sabía que tenía dentro. Con la sensación peligrosa de estar viviendo algo prohibido… pero profundamente vivo.

Después, él no se vistió enseguida. Se quedó mirándola, recostado, con esa suavidad que la desarmaba.

—No sabes lo feliz que me haces —dijo.

—No digas eso… esto no está bien.

Él le tomó la barbilla, obligándola a mirarlo.

—Alicia... déjame decidir qué está bien para mí. No huyas ahora. No después de lo que siento.

Ella sintió un nudo en la garganta. Y aun así, lo abrazó. Él cerró los ojos, satisfecho. Había logrado exactamente lo que buscaba.

Los días siguientes fueron una mezcla exquisita y devastadora de: mensajes dulces, pequeñas distancias "para no hacer daño", invitaciones rápidas, celos sutiles, disculpas suaves, promesas envueltas en silencio, y acercamientos repentinos.

Nunca demasiado. Nunca suficiente. Solo lo justo para que Alicia viviera pendiente de él. Y él lo sabía. Esa era la intención.

Capítulo 19. Pequeñas fisuras.

Los días siguientes fueron una mezcla irregular de dulzura y ansiedad. Alicia despertaba buscando el teléfono incluso antes de abrir bien los ojos, esperando ese mensaje que él enviaba cada mañana como si fuera una costumbre recién instalada:

“Buenos días, hermosa.”

“Desayuna bien.”

“Cuídate hoy.”

Palabras simples, sí, pero envueltas en una cercanía que ya la sostenía. Un hilo invisible del que él sabía tirar con precisión.

Hasta que un día —solo uno— el mensaje no llegó.

Alicia abrió los ojos y encontró la pantalla en silencio. Se incorporó despacio, sintiendo un pequeño vacío en el estómago. Fue una punzada mínima, casi imperceptible, pero suficiente para acompañarla en cada movimiento de la mañana.

Intentó trabajar. No logró concentrarse. Cada cierto tiempo revisaba el teléfono, como si en algún instante fuera a aparecer el mensaje que no llegaba.

Al final, cerca del mediodía, el celular vibró.

"Día complicado. Más tarde hablamos."

Cuatro palabras. Neutras. Frías. Él nunca escribía así. Nunca tan distante. Nunca tan breve.

Alicia sintió cómo se tensaba algo muy dentro, pero en lugar de molestarse... se apresuró a justificarlo. Ser comprensiva y empática había sido siempre su músculo más ejercitado: a veces la salvaba; otras, la hundía sin que lo notara.

"Espero que estés bien", respondió.

El mensaje quedó sin segunda palomita durante horas. A media tarde, él la llamó. Su voz sonaba normal —demasiado normal—, como si no hubiera pasado nada extraño.

—Perdóname, preciosa —dijo con esa suavidad que desactivaba cualquier defensa—. Estuve con mil cosas. ¿Cómo estás?

Alicia sintió un nudo ascenderle por la garganta. Quiso reclamar, preguntar, pedir una explicación. Quiso decir que la había angustiado todo el día. Pero se tragó las palabras. No tenía derecho a exigir nada. O al menos, eso creía ella.

—Bien —mintió—. Solo estaba preocupada.

—No tienes por qué preocuparte —respondió él—. Te lo prometo. Todo está bien.

La calma de su tono era casi insultante: él manejaba el clima emocional entre ellos con la facilidad con la que alguien abre o cierra una ventana. Sin esfuerzo. Sin consecuencias.

Esa noche se vieron. Él la abrazó con la misma intensidad que la desarmaba, la besó como si fuera indispensable, como si el espacio entre sus bocas fuera todo lo que importaba. Y Alicia, sintiendo su cuerpo contra el de él, decidió callar.

No mencionó el silencio de la mañana. Ni el mensaje frío. Ni la ansiedad absurda que la había acompañado todo el día.

No quería sonar necesitada. No quería arruinar el momento. No quería perderlo.

Y él, como si pudiera oler ese miedo, le tomó la cara con ambas manos y la miró fijamente.

—No te voy a soltar —le prometió—. No tengas miedo.

Alicia cerró los ojos.

No lo sabía, pero esas palabras eran el primer hilo que él empezaba a tensar.

Las fisuras eran pequeñas. Apenas visibles. Pero ya estaban ahí. Y él también lo sabía.

Capítulo 20. París, lo inevitable.

Los días de paseo continuaron visitando los principales monumentos, lugares de interés y museos. Realmente estaban disfrutando de la experiencia de conocer un lugar sin igual y de hacerlo en tan grata compañía. París olía a humedad antigua y a pan recién horneado. Eso fue lo primero que Verónica sintió al bajar del taxi: el aire parecía haber vivido demasiadas vidas antes de llegar a su piel.

Sánchez la esperaba en la entrada del hotel con las manos en los bolsillos del abrigo y esa media sonrisa que nunca mostraba todos los dientes.

—Te ves preciosa —dijo sin rodeos.

No era exagerado, pero tampoco neutro. Ella hizo un gesto incrédulo; él suavizó el cumplido:

—Lo digo en serio. No cualquiera se ve así después de un congreso y de estos días de paseo.

Cenaron en un bistró pequeño iluminado con velas dentro de frascos de vidrio. El tipo de lugar donde nadie mira a nadie porque todos miran hacia adentro.

Pidieron vino, algo de cenar, y al principio hablaron del congreso: comentarios del público, preguntas inesperadas, la ponencia que él se había perdido.

—Estuviste brillante —dijo, directo—. No exagero. Fue otra cosa.

Verónica bajó la mirada.

—A veces creo que solo eres amable.

—Los narcisistas exageran —respondió él—. Yo solo describo lo que veo.

La palabra "narcisistas" quedó suspendida entre ellos como si hubiera cambiado de significado de pronto. Todo el tema de su investigación convertido, de pronto, en un espejo demasiado pulido.

Él continuó:

—Me gusta cómo los lees. Cómo ves detrás de sus fachadas. Es... admirable. Irónico. Perfecto. Preciso. Pero ella no lo vio así.

Sintió que alguien entendía su trabajo de verdad.

—Eres brillante, Verónica —añadió—. Y sí... también eres hermosa. Esa combinación no se encuentra todos los días.

Un escalofrío le recorrió el cuerpo. No por el halago, sino por la mezcla. Nadie había juntado esas dos palabras para describirla. Nunca.

Al salir, París estaba encendida. Las luces de los puentes se reflejaban en el Sena, los edificios parecían más dorados, y el frío cortaba la piel sin herirla.

—¿Caminamos? —propuso él.

La ciudad tenía un ritmo íntimo. Caminaban sin tocarse, pero lo suficientemente cerca para que ella sintiera su presencia como una temperatura adicional.

Se detuvieron en un puente desde donde se veía la Torre Eiffel iluminada.

—Siempre quise venir —dijo Verónica—. Pero imaginaba hacerlo con alguien... especial.

—Y mírate —respondió él—. Estás aquí. Por tu talento. Por tu trabajo. Hizo una pausa. —Y no estás sola.

Ella sostuvo la barandilla. Sintió la frase completa, con lo que decía y con lo que insinuaba.

—Sánchez… —empezó.

—Dime Eduardo.

La forma en que pidió su nombre tuvo algo íntimo. Ella lo repitió sin pensar:

—Eduardo.

Algo cambió de lugar.

Él dio un paso hacia adelante, lento, como si se acercara a algo frágil.

—Si te digo algo y no quieres escucharlo, me detengo —murmuró—. Para siempre.

La frase era grande, pero en su boca sonó suave.

—No quiero ser un conflicto en tu vida. Si me dices "no", lo respeto. Pero si no dices nada…

Dejó la frase abierta.

Verónica tenía todas las respuestas correctas ordenadas en la cabeza: Está mal. Tienes esposa. Yo debería saber más que esto.

Pero ninguna salió. Ella no dijo “no”. Tampoco dijo “sí”.

Simplemente se quedó quieta. Y ese fue el permiso.

El beso llegó despacio, más prueba que invasión.
Suave. Controlado. Demasiado cuidadoso para no ser peligroso.

Verónica sintió que todo su conocimiento teórico quedaba suspendido en el aire. Cuando se separaron, él apoyó la frente contra la de ella.

—Podemos fingir que no pasó —susurró—. Si quieres.

—No quiero fingir —respondió.

Y cruzó la puerta.

La habitación del hotel estaba en penumbra cuando entraron. Ella dejó el abrigo en la silla sin pensar. No recordaría después quién cerró la puerta.

Eduardo se acercó despacio, le apartó un mechón del rostro.

—Desde que te vi —dijo— supe que esto iba a pasar. Me resistí. Te lo juro. Pero ya no puedo.

Ella supo que era mentira. Pero quiso creerlo.

Los besos fueron más hondos, las manos más seguras. Su cuerpo tomó decisiones que su mente sabía cuestionables, pero en ese instante no importó.

La blusa cayó al piso. La cama estrecha los empujó a acoplarse sin espacio para la distancia. Recordó el momento en Barcelona —esa frontera que él cruzó como si fuera un detalle— y sintió cómo algo dentro de ella cedía otra vez.

Al principio hubo torpeza; después, una entrega progresiva que ya no pertenecía a la razón, sino al cuerpo. Las cosas que ese hombre hizo con su cuerpo, la hacían llegar a espacios y dimensiones desconocidas. Ella simplemente flotaba en un éxtasis del cual no quería que llegara a su fin.

Después, él apoyó la cabeza sobre su hombro, como si aquello fuera lo más natural del mundo.

—Nunca me había sentido así —murmuró.

Ella no pidió detalles. No quiso comparaciones. Solo quiso la frase.

—Yo tampoco —respondió, aunque no estuviera segura.

Él sonrió contra su piel: no una sonrisa de enamorado. Una sonrisa de triunfo.

Esa noche, Verónica confundió elección con libertad.

Meses después entendería que no fue una elección libre, sino el resultado de movimientos previos, precisos, silenciosos.

Pero esa noche —en París, con el cuerpo temblando y la ciudad respirando afuera— pensó que era una mujer adulta tomando una decisión compleja.

Se equivocaba. Y aún no lo sabía.

Capítulo 21 — Verónica: El regreso con brillo prestado.

El avión tocó tierra en la Ciudad de México con un golpe suave, casi elegante. Verónica abrió los ojos justo cuando el cuerpo del avión se acomodó sobre la pista, y tuvo la sensación absurda de estar despertando de un sueño demasiado perfecto para ser real. París quedaba atrás. Eduardo también... aunque solo físicamente.

Mientras esperaban a que la puerta del avión se abriera, él la miró con esa calma que sabía usar como caricia.

—Descansa hoy —dijo—. No te presiones. El jet lag pega feo. Parecía una recomendación profesional, casi paternal, pero la forma en que le acomodó el cabello detrás de la oreja dijo otra cosa. Algo más íntimo. Más peligroso.

En migración caminaron separados, como viajeros que no se conocen. Ninguna mirada, ningún gesto. Como si no hubieran dormido juntos la noche anterior. Como si no se hubieran besado en un puente ni cruzado un límite que ella llevaba años sin imaginar cruzar. Él sabía hacer esa transición a la perfección.

Ella, en cambio, sintió el vacío inmediato: la ausencia súbita del contacto.

Cuando por fin salió a la zona de taxis, el sol la golpeó en la cara con un calor seco que le pareció violento después del frío parisino. Eduardo se detuvo a un par de metros de ella. —Avísame cuando llegues —pidió—. Quiero saber que estás bien. Lo dijo con un tono que no admitía distancia.

Verónica asintió. No debía sentirse así, pero la idea de despedirse le provocó un nudo en la garganta. Él sonrió, esa sonrisa media que reservaba para los momentos donde quería quedar grabado en la memoria.

— Lo que pasó allá no se olvida fácil.—dijo, sin adornos. Ella tragó saliva.
—Sí.
—Hablamos al rato. El "al rato" sonó a promesa.

Cuando él se alejó, caminó con esa seguridad tranquila de quien no teme desaparecer porque sabe que el otro ya quedó enganchado. No volteó a verla. No necesitaba hacerlo. Ese gesto exacto, esa retirada exacta, era parte de su método: dar, luego quitar. Acercarse, luego ausentarse lo suficiente para que ella deseara la siguiente presencia.

El taxi avanzó por Insurgentes mientras la ciudad se movía caótica afuera. Verónica sintió que regresaba a una vida que ya no le quedaba bien. París la había dejado suspendida: ligera, luminosa, como si alguien hubiera encendido una luz interna que llevaba años apagada. Eso era el brillo prestado: la sensación de valía que no nace de una misma, sino de la mirada de otro. Y Eduardo había sido generoso al encenderla.

Cuando llegó a su departamento, lo primero que vio fue la planta seca en la entrada. Había olvidado pedirle a alguien que la regara. La levantó con cuidado, sin saber si todavía se podía salvar. También fue con el vecino a recoger a su gato, ya que lo había dejado encargado.

Ese gesto, pequeño y doméstico, le hizo sentir que había dos vidas en paralelo: —la Verónica del congreso, segura, brillante, deseada, —y la Verónica de siempre, la que volvía a un departamento silencioso. La vida real la esperaba sin poesía.

El silencio pesó más que antes. Dejó la maleta sin abrir y se dejó caer en el sillón. Ahí, en esa quietud, llegó el primer mensaje de él:

"¿Llegaste bien?"

Verónica sintió cómo se le aflojaba el pecho. "Sí. Ya estoy en casa." Él respondió casi de inmediato. "Te extraño."

Fue como un golpe suave, pero certero. Ella sonrió sin poder evitarlo. "Yo también un poco," escribió. El "un poco" era mentira. El segundo mensaje tardó un minuto más: "El vuelo fue eterno sin ti."

El corazón le dio un salto involuntario. Ese era Eduardo en su fase más peligrosa: tierno, cercano, presente. Justo lo suficiente para que ella se sintiera elegida. Nunca demasiado para comprometerse de verdad.

Las horas siguientes pasaron lentas, como si el cuerpo todavía viajara a un ritmo distinto. Ella se miró en el espejo del baño mientras se lavaba la cara. No se veía diferente... pero se sentía distinta. Más viva. Más despierta. Más vulnerable.

Se recostó en la cama sin deshacer la maleta. El teléfono vibró de nuevo.

"Si no estuviera tan cansado, iría a verte. Pero no quiero que esto se sienta apresurado. Mereces algo bonito, no prisas."

Verónica cerró los ojos. Ese tipo de frases eran su punto débil: la mezcla perfecta de delicadeza y deseo contenido. Cuidado aparente. Respeto fabricado. La ilusión más difícil de desmontar.

Antes de dormir, él envió otro mensaje:

"Mañana hablamos más. Lo de París... solo es el comienzo."

Ella no respondió de inmediato, pero la sonrisa le quedó puesta aún después de apagar la luz.

No sabía —no podía saber— que mientras ella sonreía, en otra parte de la ciudad una vida empezaba a agrietarse por el mismo hombre.

No sabía que ese brillo que ahora llevaba en la piel no era suyo. Era prestado. Y que Eduardo jamás lo regalaba sin pedir algo mucho más costoso a cambio.

Capítulo 22 — Alicia: La confesión con Sandra.

El lunes por la mañana, Alicia llegó a la universidad con los ojos hinchados y el estómago apretado. Había dormido poco. Muy poco. No por culpa ni remordimiento —eso aún no llegaba— sino por una mezcla tóxica de emoción, ansiedad y espera.

Esperar el mensaje. Esperar la llamada. Esperar cualquier señal de él. Ese era ya su estado habitual.

Entró al edificio intentando parecer normal. El pasillo estaba lleno de estudiantes, ruido, mochilas abiertas, conversaciones que se cruzaban. Todo se veía igual que siempre, pero ella no era la misma.

A unos pasos de su cubículo, escuchó la voz de Sandra:

—Amiga… ¿qué te pasó?

Alicia se detuvo. Respiró hondo. Sabía que ese momento iba a llegar tarde o temprano.

Sandra la miraba con los brazos cruzados y ese gesto de radar emocional que solo las amigas de verdad tienen.

—No dormiste —dijo—. Tienes la mirada de alguien que hizo una tontería... o que está a punto de hacerla.

Alicia intentó reír, pero la risa salió corta, rota.

—¿Tenemos café? —preguntó, esquivando la pregunta como quien esquiva un golpe.

Sandra la tomó del brazo sin esperar respuesta.

—Ven. Te veo la cara. Esto es serio.

Entraron a una sala pequeña donde el personal guardaba material didáctico y nadie las molestaba. Alicia dejó la carpeta sobre la mesa y se sostuvo del borde como si necesitara equilibrio.

Sandra cerró la puerta.

—Habla —dijo con voz suave—. No me voy de aquí hasta que cuentes todo.

Alicia bajó la cabeza. Tragó saliva. Sintió que el corazón le latía demasiado fuerte.

—Sandra... hice algo que no sé cómo explicar.

—Ok... —respondió su amiga, respirando hondo—. ¿Te pasó algo malo?

—No... no malo. Pero... no está bien.

Sandra se acercó un paso.

—¿Fue con alguien del trabajo?

Alicia levantó la mirada un segundo. Sandra no necesitó más.

—¡No puede ser! —susurró—. ¿Con quién?

Alicia apretó los labios. La frase salió casi sin voz:

— Con el profesor nuevo... el invitado, la 'eminencia'.

El silencio fue inmediato. Largo. Pesado. Sandra parpadeó, incrédula.

—¿Con Sánchez?

Alicia asintió. Sandra se llevó una mano a la frente.

—No, Alicia... no. ¡Él está casado! ¡Tiene hijos! ¡Y tú... tú tienes pareja!

Alicia sintió cómo la culpa —esa que había logrado empujar al fondo durante días— regresaba de golpe, como una ola fría.

—Lo sé —susurró—. Ya lo sé. Pero… no fue como piensas.

Sandra la miró con una mezcla de preocupación y enojo.

—A ver —dijo—. Empieza por el principio. Y no me des la versión diplomática. Dime qué está pasando en serio.

Alicia respiró hondo. Se abrazó a sí misma. Tardó unos segundos en juntar las palabras.

— Siento… que me ve. De verdad. Que me escucha. Que entiende cosas que ni yo sabía explicar. Que le importo… de una forma distinta.

Sandra resopló.

—Alicia. Eso no es amor. Eso es habilidad.

Ella no contestó. Y ese silencio fue una confesión más grande que cualquier frase.

—¿Ya pasó algo entre ustedes? —preguntó Sandra.

Alicia cerró los ojos.

—Sí.

Sandra maldijo por lo bajo.

—¿Y cómo te sientes? —preguntó después, más suave, menos juez, más amiga.

—Confundida —admitió Alicia—. Feliz. Culpable. Ansiosa. Todo junto. Y... no quiero dejarlo.

Sandra se acercó y le tomó la mano.

—Amiga... te voy a hablar con cariño, pero directo: él no es quien tú crees que es.

Alicia negó con la cabeza, casi automáticamente.

—No, Sandra, tú no lo has visto. No sabes cómo es conmigo. No sabes cómo me habla... cómo me mira... cómo...

Sandra la interrumpió.

—¿Cómo te hace sentir especial?

Alicia tragó saliva.

—Sí.

—Eso es lo que hacen este tipo de hombres, Alicia. Te estudian. Te escuchan. Te leen. Y después te envuelven. No es amor. Es control con buena presentación.

Alicia levantó la mirada, herida.

—No lo sé. No sé si es eso. Yo siento que hay algo más.

Sandra suspiró con tristeza.

—Claro que sientes algo más. Porque esto te llega justo donde estabas vulnerable. Porque llevas meses cansada, triste, frustrada… y él llegó, te tocó la fibra exacta, y tú respondiste. Eso no te hace mala. Eso te hace humana. Pero él… él es peligroso.

Alicia empezó a llorar. No de tristeza, sino de reconocimiento. De miedo. De alivio.

—No sé cómo salir —confesó—. No quiero perderlo… pero tampoco quiero perderme a mí.

Sandra la abrazó.

—Aquí estoy —dijo—. No te voy a dejar sola. Pero prométeme algo: no tomes decisiones cuando estás así. No cuando él te tiene en esta montaña rusa. Habla conmigo. Con quien quieras. Pero no lo vivas sola.

Alicia apretó los ojos con fuerza. Asintió.

—Te lo prometo.

Sandra la sostuvo más fuerte.

—Esto no es amor, Ali —susurró—. Es una jaula bonita. Y yo te voy a ayudar a abrir la puerta cuando estés lista. No antes. No después.

Alicia no respondió. Pero por primera vez en días, sintió un poco de aire. La grieta seguía ahí. La confusión también. El deseo también. Pero ahora no estaba sola.

Alicia respiró. No estaba lista para soltarlo. Y él lo sabía.

Capítulo 23 — Alicia y Verónica: La primera sesión

Verónica revisaba correos en su cubículo cuando vio uno que no esperaba.

Asunto: *Solicitud de consulta personal.* Remitente: *Alicia Hernández.*

El nombre le sonaba vagamente. La había visto de lejos: pasillos, alguna reunión general, un rostro más entre tantos. Aun así, algo en ese correo tenía un tono contenido, demasiado cuidadoso.

Verónica respondió:

"Hola, Alicia. Claro que puedo recibirte. Tengo un espacio hoy a las 4 pm, si te funciona."

A las cuatro, Alicia llegó puntual, con los hombros tensos y la mirada baja de quien aún no sabe si está haciendo bien al pedir ayuda.

—Pasa —dijo Verónica, con un tono equilibrado—. Siéntate donde quieras.

Alicia se acomodó en la silla frente al escritorio, pero parecía incómoda, como si un movimiento brusco pudiera quebrarla.

—¿Qué te trae hoy conmigo? —preguntó Verónica con suavidad profesional.

Alicia respiró hondo.

—No estoy bien —dijo, por fin—. Y no sé si estoy exagerando... o si de verdad estoy en algo peligroso. Y no puedo hablarlo con nadie.

Verónica dejó el teclado a un lado. Esa frase siempre precedía una historia complicada.

—Puedes hablar conmigo —ofreció—. No hay juicio aquí.

Alicia vaciló, luchando con sus propias palabras.

—Estoy... involucrada con alguien de aquí.

Verónica no movió un músculo del rostro, como debe hacerlo quien está entrenado para esto.

—¿Una relación formal? ¿Algo casual?

Alicia tragó saliva.

—No lo sé. Empezó de forma... intensa. Con atención, con interés, con esa sensación de que por fin alguien me veía.

Verónica sintió un eco incómodo subirle por la columna. Esa frase. Exacta. "Alguien me veía."

La había dicho ella misma, semanas antes, en otro contexto, en otra ciudad, en otra cama.

—¿Él es mayor que tú? —preguntó con tono neutral.

Alicia asintió.

—Mucho. Y tiene... una energía que me envuelve. A veces siento que soy importante para él. Y otras... que puede desaparecer en cualquier momento.

Verónica sintió la incomodidad del recuerdo. Cada frase. Cada detalle. **Cada palabra que Alicia decía era una réplica exacta de algo que ella misma había vivido semanas atrás.**

Ese reconocimiento le tensó la respiración. Era el mismo patrón. El mismo lenguaje emocional. La misma sombra.

—¿Ha cruzado límites? —preguntó con voz más baja.

Alicia bajó los ojos.

—Varios.

El silencio que siguió fue espeso, pesado, lleno de reconocimientos que ninguna de las dos podía nombrar todavía.

Y entonces Verónica dijo algo que jamás se hubiera permitido decir en otro contexto, pero que salió con una honestidad instintiva:

—Alicia… lo que estás describiendo no es cariño. Es un vínculo que engancha… y cuesta mucho soltar.

Alicia empezó a llorar en silencio, con ganas de decir quién era él… pero no lo hizo. No todavía.

Alicia respiró hondo. No estaba lista para soltarlo.

Verónica le dio un pañuelo.

—Vamos a ordenar esto juntas —dijo con calma—. No estás sola.

Ninguna de las dos sabía que estaban hablando del mismo hombre. Todavía no.

Capítulo 24 — Sánchez entre dos mundos

Eduardo Sánchez entró a la universidad con su andar habitual: seguro, pausado, como quien sabe exactamente cómo se ve y qué efecto causa.

Tenía la agenda llena: reuniones, revisión de un artículo pendiente, una sesión con el comité... pero lo que realmente tenía en mente era otra cosa.

Alicia.
Y Verónica.

Caminó primero hacia el área académica, donde sabía que Verónica solía estar por las mañanas. No quería verla oficialmente. Quería solo... pasar cerca.

Verónica estaba con dos investigadores revisando un borrador. Se veía concentrada, brillante, profesional. Pero también había una ligera tensión en su postura, una que él identificaba al instante: lo estaba esperando, aunque no lo mirara.

No se acercó. Solo la observó, lo suficiente para confirmar que nada había cambiado.

Luego bajó al módulo de apoyo psicopedagógico.
Ahí vio a Alicia de lejos, archivando documentos con el cabello recogido de forma apresurada. No lo vio acercarse; estaba nerviosa, distraída, como si cargara un secreto demasiado pesado.

—Alicia —dijo él con esa voz suave que le reservaba solo a ella.

Alicia levantó la mirada y su respiración se desordenó al instante.

—Eduardo… no pensé que vendrías hoy.

—Pasé a verte.

No dijo más. No necesitaba decirlo. Le bastaba con aparecer.

Alicia sonrió con esa mezcla de alivio y ansiedad que él conocía bien. La tomó del antebrazo apenas un segundo —cálido, firme, imposible de rechazar— y añadió:

—Hablamos más tarde, ¿sí?

Ella asintió, ya enganchada otra vez.

Eduardo se alejó satisfecho. Eran distintas. Y eso lo hacía más fácil.

No necesitaba hacer nada más. Bastaba con estar.

Muy pronto —demasiado pronto— esos mundos iban a tocarse.

Capítulo 25 — Verónica: Sospechas que no quiere nombrar

El regreso a México no trajo la claridad que Verónica esperaba. Trajo ruido.

La semana siguiente al viaje, caminó por los pasillos de la facultad con esa mezcla de ligereza y ansiedad que solo sienten quienes sostienen un secreto demasiado frágil. París seguía allí, como un perfume invisible: todo lo que vivió todavía parecía flotarle encima de la piel.

Pero había algo más, algo tenue, un tirón pequeño. Como cuando escuchas un eco y no sabes si viene de afuera… o de adentro.

Eduardo reapareció en el campus con la misma seguridad de siempre: saludando a quien debía, ignorando a quien podía, sonriendo solo lo justo.
No había urgencia. No había ansiedad. Había control.

—¿Podemos hablar luego? —le dijo una tarde, mientras ella archivaba documentos en su oficina temporal.

—Claro —respondió Verónica, más rápido de lo que hubiera querido.

Él sonrió, satisfecho. No la tocó; ni siquiera se acercó demasiado. Solo bastó su presencia para moverle el eje.

Y sin embargo, cuando él salió del cubículo, Verónica sintió algo que no había sentido en París: un pequeño, casi microscópico, desfase. Algo en su tono era distinto: demasiado medido, demasiado estratégico. Algo que en Francia había confundido con "delicadeza", ahora se parecía más a cálculo.

Sacudió la cabeza. *Estoy exagerando*, se dijo. *Es normal después de algo tan intenso.*

Pero la sospecha se quedó.

Esa misma tarde, mientras revisaba unas notas, escuchó a dos profesoras conversar en el pasillo.

—Dicen que Sánchez es encantador cuando quiere… —murmuró una.

—Y un poco… intenso —añadió la otra.

Verónica se quedó inmóvil. No era la primera vez que oía algo así. Había escuchado rumores antes: comentarios sueltos, advertencias a media voz, pequeñas señales que nunca quiso procesar.

No quería creerlo. No después de cómo la había tocado, mirado, escuchado.

Pero aun así… la duda entró bajo la puerta como una corriente fría. Tomó aire para empujarla hacia afuera. No era momento de analizar demasiado.

A la mañana siguiente, él apareció en su oficina con un café.

—Para ti —dijo, dejándolo sobre su escritorio.
—Gracias —respondió ella.

—Anoche pensé mucho en ti —añadió, inclinado apenas, buscando su mirada—. En cómo te sentiste en París. En lo que pasó.

Verónica bajó la vista. Él la sostuvo con la suya.

—No quiero que te sientas insegura —continuó. Estoy aquí. No voy a desaparecer.

Ese "no voy a desaparecer" sonó… extraño. No como un consuelo. Más bien como un recordatorio.

Ella quiso convencerse de que era cariño. Pero algo dentro de ella —una parte lúcida que llevaba años dormida— sintió un leve jalón de alerta.
No quiso nombrarlo.

Recibió el mensaje cerca del mediodía:

¿Te puedo ver esta noche? Solo un rato.

Verónica sintió un hueco en el estómago. No sabía si quería verlo por deseo… o por miedo a lo que implicaría decir que no.

Respondió automáticamente:

Sí.

Cuando llegó la noche, se encontraron en su coche, como si repitieran una escena que ya les pertenecía. Pero esta vez no hubo la misma intensidad que en París. No hubo esa versión brillante de él. No hubo la suavidad que la había desarmado tantas veces.

Hubo algo más frío. Más rápido. Más suyo que compartido.

Eduardo la besó, pero sin explorarla; la abrazó, pero sin detenerse a mirarla; la tocó como si tuviera prisa, como si buscara un efecto inmediato y no un encuentro.

Verónica sintió el deseo —sí— pero también sintió algo que nunca había sentido antes con él:
la precisión.

Como si él supiera exactamente qué movimiento hacer para que ella no pudiera soltarlo.

—Te extrañé —murmuró él, pero el tono no coincidía con las manos. Ella quiso creerle. Se esforzó en hacerlo.

Al final, cuando ella apoyó la cabeza en su hombro buscando la calma que antes encontraba allí, él ya estaba viendo la hora. Ese instante la atravesó como una aguja fina.

No lo mencionó. No quiso arruinar nada. No quería sonar demandante ni vulnerable. No quería perderlo.

Él la besó en la frente antes de dejarla frente a su edificio.

—No dudes de mí —susurró.

Verónica sintió un nudo en la garganta. Asintió.

Pero mientras subía las escaleras, supo —sin decirlo en voz alta— que algo estaba empezando a torcerse. Algo que aún no sabía cómo mirar, pero que ya la estaba llamando por su nombre.

Silencioso.
Paciente.
Esperando su siguiente movimiento.

Capítulo 26 — Alicia: La dependencia que crece

Alicia no recordaba cuándo fue la última vez que su vida había tenido tantos sobresaltos en tan pocos días. Antes de Sánchez, sus semanas eran predecibles: trabajo, casa, pareja, rutinas pequeñas. Una estabilidad silenciosa, casi anestesiada.

Ahora, cada día era una curva. Una pendiente emocional distinta. Y lo peor —o lo más adictivo— era que todo giraba alrededor de un solo hombre.

Había tenido ya **su primera sesión con Verónica**, una profesional que le había mostrado con calma algunas señales de alerta: patrones de dependencia, validación externa, conductas que no coincidían con la estabilidad de una relación sana. Verónica había sido respetuosa, precisa, casi quirúrgica.

Alicia salió de esa sesión con una claridad incómoda. Pero la claridad no siempre gana. La adicción emocional sí.

La nueva rutina

Las mañanas empezaron a dividirse en dos:

1. **Antes del mensaje de Sánchez.**
2. **Después del mensaje de Sánchez.**

Despertaba con el celular en la mano antes que con los ojos abiertos. Si él escribía temprano, el día comenzaba suave, como si una lámpara interior se encendiera. Si tardaba… su pecho se apretaba sin que ella supiera cómo "desapretar".

Era absurdo. Era irracional. Era totalmente real.

Intentaba repetir lo que Verónica le había sugerido: *"Observa cómo cambia tu cuerpo cuando él está o no está."* Pero observar no era suficiente.
La parte que sabía lo que pasaba estaba muy lejos de la parte que deseaba sentirlo cerca.

Sandra, otra vez, lo ve primero

Sandra se dio cuenta antes que Alicia misma.

Una mañana, mientras tomaban café en la sala de maestros, la miró con calma, como quien analiza un secreto que ya conoce.

—Amiga... estás rara —dijo Sandra, con voz neutral pero puntería fina.

Alicia parpadeó.

—¿Rara cómo? —preguntó, intentando sonar despreocupada.

Sandra ladeó la cabeza, como si evaluara cada micro gesto.

—Rara como... distraída. Cansada. O enamorada —lo dijo bajito, como si la palabra quemara.

Alicia casi derrama la taza.

—No digas tonterías —susurró demasiado rápido.

Sandra arqueó una ceja.

—Alicia... yo te conozco desde antes de que te graduaras. Te brillan los ojos cuando vibra —dijo señalando el celular—. Y tú no eras así hace un mes.

Alicia se quedó inmóvil. Quiso decir *no pasa nada*. Quiso decir *solo estoy cansada*. Quiso decir *ya estoy yendo a terapia, estoy trabajando en esto*. Pero no salió nada.

Los ojos se le humedecieron.

Sandra bajó la voz todavía más.

—Dime la verdad… ¿sigues viéndolo, verdad?

El silencio fue respuesta suficiente.

Sandra suspiró. No con juicio. Con preocupación.

—Alicia, si después de la sesión con Verónica sigues igual… es porque esto ya no es solo ilusión. Es dependencia. Y tú no eres una mujer dependiente. No te reconozco así.

Alicia tragó saliva con fuerza.

—No sé cómo detenerlo —susurró, avergonzada de escucharse tan vulnerable.

Sandra apoyó su mano sobre la de ella.

—No tienes que detenerlo sola. Para eso están las sesiones. Para eso estoy yo. Pero tienes que ser honesta, Alicia. Si sigues mintiéndote, él va a ir ganando terreno sin que te des cuenta.

Alicia cerró los ojos. Porque lo sabía.

Porque cada mensaje de Sánchez era una cuerda nueva alrededor del pecho. Una que él tensaba y aflojaba a voluntad.

Un mensaje más

En ese momento, el celular vibró en la mesa. Alicia lo miró. Un mensaje de él.

"¿Te veo hoy?"

Solo eso. Una pregunta breve, ligera. Una pregunta que sostenía todo su mundo.

Sandra vio cómo los hombros de Alicia temblaron apenas.

—Respira —le dijo—. Respira antes de contestar.
Recuerda lo que te dijo Verónica: *lo que parece conexión a veces es control.*

Alicia tomó aire. Aun así, sus dedos ya estaban respondiendo.

La dependencia crecía. Y ahora, al menos, dos mujeres lo sabían. Pero solo una —Alicia— estaba atrapada en el centro.

Capítulo 27 — Alicia: La terapia que incómoda

La segunda sesión llegó antes de lo que Alicia habría querido admitir. No porque no necesitara hablar, sino porque empezaba a sentir que cada palabra dicha frente a Verónica podía desnudarla un poco más.

Entró al consultorio con un nudo suave en el estómago. Verónica la recibió con una sonrisa tranquila, la clase de sonrisa que no juzga y tampoco invade. Ese equilibrio que solo logran quienes han visto mucho más de lo que dicen.

—¿Cómo te has sentido desde la sesión pasada? —preguntó la psicóloga.

Alicia dudó. Había ensayado una respuesta segura mientras caminaba por el pasillo... pero se desmoronó apenas abrió la boca.

—No sé... rara —admitió—. Como si tuviera demasiadas cosas encima... pero también como si no quisiera soltarlas.

Verónica asintió con esa calma que Alicia empezaba a asociar con seguridad.

—Rara puede significar muchas cosas —dijo—. ¿A qué se parece tu “rara”?

Alicia respiró hondo.

—A... dependencia —susurró, apenas audible.

Las palabras se quedaron suspendidas. Verónica no reaccionó con sorpresa ni con juicio; solo tomó una respiración larga y mantuvo el tono suave.

—Cuéntame en qué lo notas.

Alicia apretó las manos sobre su falda.

—Si él escribe temprano, el día se siente liviano. Si tarda... es como si algo me faltara. Y sé que no debería ser así. Sé que es absurdo. Pero... —se detuvo—. Pero lo siento igual.

Verónica la observó con un gesto serio, no por dureza, sino por precisión.

—Eso que describes suele aparecer cuando algo en la dinámica empieza a volverse desigual —explicó—. Cuando una de las partes “espera” lo que la otra administra. ¿Te pasa seguido?

Alicia bajó la mirada.

—Más de lo que quisiera admitir —respondió.

Verónica tomó nota, sin prisa.

—Quiero que sepas algo —dijo con voz firme, pero cálida—. Lo que sientes no te hace débil. Te hace humana. Nadie es inmune al refuerzo emocional cuando aparece en el momento exacto donde más se necesita.

Alicia sintió un golpe leve en el pecho. No por la explicación, sino por el tono. Ese tono que decía: *entiendo más de lo que crees*.

—A veces siento que… él ve cosas de mí que nadie más ha visto —confesó Alicia—. Y no quiero perder eso.

Verónica inclinó un poco la cabeza.

—¿Y qué cosas dice ver?

Alicia tragó saliva.

—Que soy especial. Que soy diferente. Que tengo una energía distinta. Que con nadie se ha sentido así.

Verónica cerró los ojos un breve instante, minúsculo, imperceptible para alguien sin entrenamiento. Pero Alicia lo notó.

—¿Dije algo raro? —preguntó.

—No —respondió Verónica, recuperando la compostura—. Solo que... ese tipo de frases suelen aparecer en dinámicas que buscan crear conexión muy rápida y muy intensa. A veces demasiado intensa.

Alicia sintió un temblor suave en el pecho.

—¿Te refieres a manipulación?

Verónica eligió cuidadosamente sus palabras.

—Me refiero a que algunas personas utilizan la idealización. Y si después retiran esa calidez... la otra persona queda descolocada. Vulnerable.

Alicia sintió un pinchazo.

Exactamente eso había sentido la mañana del silencio de Sánchez. Pero no lo dijo. Aún no.

—¿Tú crees que estoy... entrando en algo peligroso? —preguntó Alicia, con un hilo de voz.

Verónica no respondió enseguida. La miró con una mezcla de intuición y cuidado profesional.

—Creo que estás entrando en algo que requiere que estés despierta —dijo—. Muy despierta. Para identificar qué es tuyo... y qué te están empujando a sentir.

Alicia bajó la mirada, respirando hondo. Sintió vergüenza. Pero también alivio.

La sesión terminó con recomendaciones prácticas: escribir lo que sentía antes y después de los mensajes, observar sus impulsos, registrar su ansiedad. Tareas simples pero reveladoras.

Antes de irse, Alicia hizo una pregunta sin pensarlo:

—¿Te ha pasado algo así a ti?

Verónica se quedó inmóvil solo un segundo. Demasiado breve para ser evidente, demasiado intenso para que Alicia no lo percibiera.

—A todos nos ha pasado sentirnos atraídos por alguien que sabe exactamente qué decir —respondió Verónica, sin confirmar ni negar nada más.

Alicia salió con un hueco extraño en el pecho.

No sabía por qué… pero sintió que Verónica entendía ese tipo de dolor desde un lugar más profundo que la teoría.

Como si hablara desde una cicatriz.

Capítulo 28 — Verónica: El eco de una historia que ya vivió

Verónica cerró la puerta del consultorio cuando Alicia salió y se quedó mirando el espacio vacío. No era un gesto profesional. Era un intento de recuperar aire.

El silencio la golpeó primero. Luego, la similitud.

Había escuchado cientos de historias en su vida profesional: rupturas, dependencia, abandono, heridas emocionales profundas. Pero lo que Alicia dijo —esas frases exactas, esas palabras demasiado conocidas— le detonaron un reflejo que no esperaba.

"Me dice que soy distinta." "Que nadie lo ha hecho sentir así." "Que nunca había conectado con alguien de esta manera."

Verónica cerró los ojos.

Eran frases que había escuchado... en su propia piel. Hace tiempo ya. Y también hace semanas.
Ella sabía lo que implicaban.

No era empatía profesional. Era memoria.

Se sentó en la silla, apoyó los codos sobre el escritorio y dejó caer el rostro entre las manos. No lloró. No tenía ganas de llorar. Era otro tipo de sensación: un reconocimiento incómodo, como reencontrarse con un capítulo de su vida que creía superado.

No otra vez, pensó. *No esto. No así.*

Porque la historia de Alicia le despertaba más que identificación clínica: le despertaba un espejo. Uno que no había querido mirar desde que regresó de París.

Recordó la cama estrecha del hotel, las palabras suaves susurradas contra su clavícula, las promesas disfrazadas de conexión profunda.
Recordó exactamente el tono con el que él decía:

"Nunca me había sentido así con alguien...Eres extraordinaria."

Las mismas frases. La misma cadencia. La misma envoltura emocional.

Verónica respiró hondo, tratando de ordenar lo que sabía cómo psicóloga... y lo que intentaba ocultar como mujer.

Alicia no lo sabía —no podía saberlo—, pero al describir su dependencia emergente estaba describiendo, sin querer, el mismo patrón que había atrapado a Verónica en Europa.

—Maldita sea… —susurró ella en voz baja, sin enojo, pero con lucidez.

No estaba molesta por Alicia. Estaba molesta por reconocer el método.

Se levantó de la silla y comenzó a caminar de un lado a otro del consultorio. El movimiento la ayudaba a pensar.

Como profesional, debía acompañar a Alicia sin proyectar su propia historia. Como mujer, sentía cómo las piezas caían una tras otra dentro de su memoria: la velocidad con la que Sánchez conectaba, la manera en que calibraba cada elogio, la destreza para anticipar inseguridades invisibles.

Era el mismo patrón. El mismo guión emocional. Pero ahora duplicado.

Y la idea la estremeció.

No por celos. No por posesión. Sino por una intuición que nacía del conocimiento profundo:

Un narcisista no repite frases. Repite estrategias.

Alicia era empática, sensible, noble, con la autoestima agotada por la rutina. Verónica era brillante, disciplinada, racional, con la vulnerabilidad escondida bajo logros académicos.

Dos perfiles distintos…mismo punto débil: **la necesidad de sentirse vistas.**

Verónica tomó un cuaderno y escribió notas clínicas sin escribir el nombre de Sánchez. No podía. No sabía. Sería una falta ética. Pero tampoco podía negar lo que estaba observando.

Escribió:

- "Idealización rápida."
- "Conexión intensa sin historia previa."
- "Crear dependencia emocional a través del contacto dosificado."
- "Promesas y frases cargadas."
- "Retiro repentino seguido de revalidación."

Las anotaciones eran sobre Alicia. Pero cada renglón tenía un eco detrás: *París, París, París…*

Terminó de escribir y dejó el bolígrafo a un lado.

Ella sabía que, profesionalmente, debía ayudar a Alicia a reconstruir claridad. Sabía también que debía mantenerse firme, objetiva, atenta.

Pero mientras cerraba el cuaderno, sintió un pensamiento que la atravesó como una certeza fría:

Alicia no es la excepción. Yo tampoco lo fui.

Antes de irse, se miró en el pequeño espejo del consultorio.

No vio culpa. No vio vergüenza. Vio una pregunta silenciosa:

¿Hasta cuándo vas a seguir creyendo que lo de París fue amor y no método?

No tenía respuesta todavía. Sabía que la encontraría. Pero no hoy.

Hoy, había una paciente que necesitaba claridad.
Y una psicóloga que tenía que recuperarla primero para sí misma.

Con un suspiro largo, apagó la luz del consultorio. Y por primera vez desde París, Verónica no sintió nostalgia.

Sintió advertencia.

Capítulo 29 — Sánchez: La doble agenda

Sánchez nunca actuaba por impulso. Aunque desde afuera pareciera espontáneo, cada movimiento tenía un cálculo detrás. No un plan escrito, sino un instinto entrenado: el instinto del depredador que sabe exactamente cómo acercarse sin ser visto… y cómo retirarse sin ser sospechoso.

Regresar a México no lo descolocó. Al contrario: lo fortaleció.

París había sido útil. No por romance —eso no le interesaba realmente— sino por lo que había confirmado sobre Verónica: su vulnerabilidad, su hambre silenciosa de conexión, su necesidad de ser reconocida.

Con Verónica, la estrategia continuaba sola. Él lo sabía. Ella estaba atrapada en la mezcla perfecta de admiración, deseo y culpa que tanto le funcionaba.

Pero Alicia…

Alicia había surgido como una segunda oportunidad, inesperada pero compatible, como esas rutas alternas que aparecen cuando el camino principal empieza a requerir más esfuerzo del previsto.

Y Sánchez era experto en manejar rutas alternas.

Su celular era un tablero estratégico.

A Verónica le enviaba mensajes medidos, inteligentes, cálidos pero no empalagosos: *"¿Cómo amaneció la mejor investigadora que conozco?"*
"Pienso en nuestra línea de investigación… la tuya me inspira."

Nunca demasiado. Nunca suficiente. Solo lo justo para mantenerla activa. Conectada. Disponible emocionalmente.

A Alicia, en cambio, el tono era otro. Más íntimo. Más envolvente. Más… necesitado.

"No sabes cuánto te extrañé hoy." "Eres mi calma. Mi escape." "¿Puedo verte un momento? Solo un abrazo. Te juro que lo necesito."

Dos discursos distintos, dirigidos a dos vulnerabilidades distintas.

Control emocional.

En la universidad, Sánchez se movía como si nada fuera especial.

Con Verónica, se acercaba lo justo: una pregunta sobre investigación, una mirada de reconocimiento, un comentario sobre Barcelona.
Ella respondía con la misma profesionalidad que aparentaba no ocultar del todo algo más.

Y eso a él le encantaba. Esa tensión discreta. Ese silencio compartido que solo ellos sabían leer.

Con Alicia, había aprendido la melodía perfecta. Le bastaba caminar por el pasillo en el momento exacto en que ella salía de su oficina para sembrar un saludo suave, un comentario personal, una sonrisa que prometía algo sin decirlo.

Cada gesto estaba calibrado. Cada ausencia también. A veces desaparecía unas horas a propósito, sabiendo que Alicia mordería el anzuelo de la preocupación. O evitaba pasar por la oficina de Verónica un día entero, sabiendo que la ausencia le inflaría el recuerdo.

Era así como él mantenía a las dos dentro de su órbita: no acercándose demasiado… pero nunca dejándolas ir.

Una tarde, mientras revisaba su correo en la sala de profesores, Sánchez recibió un mensaje de Alicia:

"No sé si hoy alcance el tiempo... solo quiero verte un momento."

Él sonrió, apenas. No porque le enterneciera, sino porque esa frase confirmaba que la dependencia crecía al ritmo correcto.

Escribió:

"Paso en un rato. Pero no te vayas. Te necesito cerca."

Alicia respondió de inmediato. Verónica, en el mismo minuto, envió un mensaje distinto:

"Listas las diapositivas revisadas. Cuando quieras, te las muestro."

Él vio ambos mensajes en la pantalla, uno encima del otro.

No sintió conflicto. No sintió contradicción. Sintió control.

Antes de salir hacia la oficina de Alicia, se miró en el reflejo de una ventana. No vio culpa. No vio duda.

Vio a un hombre convencido de que siempre podía manejarlo todo. Porque hasta ese momento, nada —ni nadie— le había demostrado lo contrario.

Capítulo 30 — Verónica: Cómo se rompió todo

A veces el cuerpo recuerda antes que la mente. Eso le pasó a Verónica.

Un día —común y corriente, como cualquier otro— simplemente despertó con la sensación de que algo estaba desacomodado. Como si su pecho estuviera a medio centímetro del lugar correcto.

Habían pasado semanas desde París. Semanas de mensajes cálidos, de insinuaciones cuidadas, de silencios calculados, de cercanía disfrazada de profesionalismo. Semanas donde ella, todavía deslumbrada, intentaba convencer a su mente de que era una historia adulta, compleja, pero posible.

Hasta que llegó el día en que todo se quebró.

No hubo pelea. No hubo escándalo. No hubo revelación dramática.

Solo un mensaje.

Pero no el tipo de mensaje que duele por lo que dice, sino por lo que revela.

"Creo que deberíamos vernos hoy. Tengo que hablar contigo."

Una frase limpia, neutra, sin emoción. Demasiado neutra.

Cuando Verónica llegó al café —un lugar discreto donde solían reunirse "como colegas"— lo vio distinto. No físicamente, sino en la postura. En esa quietud medida que solo tenía cuando ya había tomado una decisión.

Él sonrió, pero sus ojos no acompañaron el gesto.

—¿Todo bien? —preguntó ella, aunque ya sabía la respuesta.

Sánchez apoyó las manos en la mesa, entrelazando los dedos con una calma que la desconcertó.

—Verónica… eres muy importante para mí —empezó, con esa voz baja que antes la desarmaba—, pero creo que hemos confundido las cosas.

Una alarma interna se encendió en ella.

—¿Confundido? —repitió, manteniendo el tono neutro.

Él asintió.

—Sí. Mira... yo no soy buen amante ni novio. Nunca lo he sido. Soy mejor amigo. Eso es lo que puedo darte. Una amistad sólida. Constante. Sin complicaciones.

Ella parpadeó. No entendía. O no quería entender.

—¿Estás terminando conmigo? —preguntó sin rodeos.

Sánchez bajó la mirada como si estuviera apenado, pero su voz no tembló.

—No quiero que suene así. Solo... quiero que seamos amigos siempre.

"Amigos siempre". Dos palabras que cayeron sobre ella como un ladrillo.

Verónica sintió que el aire en su pecho se comprimía.
—¿Y todo lo que vivimos? —susurró, con un temblor que ni siquiera intentó disimular—. ¿La noche en París? ¿Lo que dijiste? ¿Lo que prometiste?

Sánchez suspiró, teatral sin parecerlo.

—No quería lastimarte. De verdad. Pero creo que tú... te lo tomaste más en serio. Yo pensé que lo entendías. Que era algo especial, sí... pero no algo para complicarnos la vida.

Era como si cada frase estuviera diseñada para suavizar el golpe y profundizarlo al mismo tiempo.

Ella tragó saliva.

—¿Y cuándo pensabas decirme que habíamos terminado...? ¿Cuándo yo me diera cuenta sola?

Él levantó la vista entonces, con esa expresión de falsa compasión que ella ya debería haber reconocido.

—No lo llames así. No éramos... eso. Nos dejamos llevar. Fue bonito, pero no era un compromiso.

La palabra “compromiso” la atravesó como un aguijón. Recordó la noche en París. Recordó su cuerpo entrelazado con el de él. Recordó la frase que él dijo antes de quedarse dormido: *“Nunca me había sentido así con nadie.”*

Lo recordó todo. Y lo odió todo.

Ese día, de regreso a su casa, Verónica no lloró. Le sorprendió la sequedad. El silencio interior.

La mente trabajaba, analítica, casi quirúrgica.

Empezó a repasar su propia línea de investigación: patrones narcisistas encubiertos, refuerzo intermitente, manipulación suave, minimización del daño.

Todos los conceptos que había enseñado durante años... ahora eran un espejo. Un espejo sucio. Doloroso. Imposible de ignorar.

"Esto no es amor", pensó. "Tampoco es confusión. Es un manual."

El manual que ella misma había estudiado. Escrito. Presentado en congresos. Y aun así había caído dentro.

Se sintió humillada, sí. Pero más que eso: se sintió estúpida. Y ese sentimiento, lejos de quebrarla, la endureció.

Pasaron días. Luego semanas.

Ella seguía siendo Verónica: la académica, la investigadora, la psicóloga de mirada firme. Pero por dentro había una herida nueva. No una que sangrara, sino una que observaba.

Una grieta lúcida. Sánchez, por supuesto, siguió enviando mensajes. Breves. Convenientes.
Lo justo para no perder la conexión.

Ella dejó de responder. Después dejó de abrirlos.
Finalmente, dejó de sentir el impulso de abrirlos.

Poco a poco, el brillo prestado que él le había regalado —esa sensación de ser elegida, vista, excepcional— se fue apagando. Y lo que quedó fue más valioso: Una claridad que antes no tenía. Una herida que sabía usar. Un conocimiento que ahora era personal.

Verónica se juró dos cosas:

1. **Nunca más permitiría que alguien volviera a tocar esa zona de su vida sin permiso.**

2. **Si alguna vez veía en otra mujer los mismos síntomas... la ayudaría antes de que fuera demasiado tarde.**

Lo que no sabía —lo que aún no podía imaginar— era que la primera mujer que había llegado a su consultorio con ese brillo roto en los ojos…

Sería alguien vinculada a él. Al mismo hombre.

Pero esa revelación todavía estaba a unos capítulos de distancia. Y cuando llegara… cambiaría la historia completa.

Capítulo 31 — Alicia: Más dentro que nunca

Alicia empezó a notar algo que antes no existía: había días en los que su pareja estaba ahí, físicamente, pero su mente no.

Cenaban juntos, hablaban de cosas prácticas —pagos, pendientes, familia—, pero en cuanto él se levantaba por un vaso de agua o se metía a bañar, ella revisaba el celular casi por reflejo.

Buscando un nombre. Esperando una notificación. Midiendo su valor en función de un "Te extraño" o un emoji.

Una noche, mientras su pareja dormía a su lado, respirando profundo, con el cuerpo en esa postura familiar que debería darle paz, a Alicia le cayó encima un pensamiento brutal:

"Si esto se descubre, lo pierdo."

Y por primera vez, en lugar de sentir miedo... sintió duda.

¿Lo quería? Sí. ¿Lo respetaba? Sí. ¿Estaba enamorada todavía? No lo sabía. ¿Se sentía viva junto a él? Cada vez menos.

Se quedó mirando el techo, con el pecho apretado, y el celular boca abajo sobre el buró. No era la primera vez que se preguntaba si esa relación estaba sostenida por amor... o por costumbre. Pero sí era la primera vez que consideró en serio la posibilidad de dejarlo.

No como idea dramática. Como posibilidad real.

Al día siguiente, no aguantó más y se lo dijo a Sánchez. Estaban en el coche, estacionados en una calle discreta —su oficina móvil, su refugio clandestino, su pequeño laboratorio de caos—, cuando Alicia soltó:

—He estado pensando en terminar mi relación.

Él se quedó en silencio unos segundos. No de sorpresa. De cálculo.

—¿Por mí? —preguntó, sin rodeos.

Alicia tragó saliva.

—Por todo —respondió—. Porque no es justo para él... ni para mí. Porque siento que vivo partida en dos.

Él se recargó en el asiento, la miró con esa mezcla de intensidad y calma que siempre la desarmaba.

—Escúchame bien —dijo, bajando el tono—. Yo no voy a permitir que destruyas una relación que lleva años… por algo que todavía estamos entendiendo.

"Yo no voy a permitir." La frase era suave, pero llevaba mando.

—No quiero que te quedes sola —continuó—. Tu pareja te quiere. Es un buen hombre. Te da estabilidad. Eso no se encuentra así nada más.

Alicia lo miró, desconcertada.

—Pero tú me dijiste que…

Él alzó una mano, casi con ternura.

—Yo te dije que me encantas. Que me importas. Y es verdad. Pero no confundamos cosas. Lo que tienes allá… —señaló hacia alguna parte que representaba su casa— es tu vida. Es tu historia. Es tu refugio.

Hizo una pausa, midiendo cada palabra:

—Yo no quiero ser el hombre que arrase con eso.

La contradicción la golpeó de lleno. Él era el hombre que la metía en un coche para tener sexo a escondidas. El hombre que le escribía de madrugada. El hombre que la tenía atrapada en un vaivén de intensidad y silencio.

Pero también era el hombre que ahora la invitaba a “cuidar” su relación.

—No entiendo —susurró Alicia—. ¿Qué se supone que somos tú y yo entonces?

Él se inclinó hacia ella, sin perder la calma.

—Somos… lo que tú y yo sabemos que somos —respondió—. Algo nuestro, distinto. Pero no necesito que rompas todo para demostrármelo.

Le acarició la cara con el dorso de la mano.

—No tomes decisiones en caliente. No tires una relación larga por algo que estamos construyendo paso a paso.

Alicia sintió un nudo en la garganta.

—Pero yo ya no estoy igual con él —confesó—. Estoy ausente. Me siento culpable. Me siento… doble.

Sánchez la escuchó con una paciencia impecable.

—Eso se puede trabajar —dijo—. Habla con él. Revivan cosas. No lo abandones emocionalmente. No quiero que te quedes sin red.

"Red". "Refugio". "Estabilidad". Palabras que sonaban protectoras... pero escondían otra cosa:

Si Alicia dejaba a su pareja, todo su mundo quedaría girando alrededor de Sánchez. Y eso significaba más riesgo para él. Más probabilidad de que exigiera algo. Más posibilidad de que dejara de ser un "secreto manejable" y se convirtiera en una vida completa reclamando lugar.

No le convenía. Así de simple.

Esa noche, Alicia llegó a casa confundida.

Su pareja estaba viendo una serie en el sillón. Le hizo un espacio, como siempre, con ese gesto sencillo y constante que años atrás la había enamorado.

—¿Cómo te fue? —preguntó él.

Alicia se sentó a su lado. Lo miró. Sintió algo conocido: cuidado, rutina, complicidad tranquila.

No era pasión. No era vértigo. Pero tampoco era violencia. Y ahí, en medio de esa normalidad, la frase de Sánchez se le clavó en la cabeza:

"No tires una relación larga por decisiones en caliente."

Se recargó en el hombro de su pareja. No porque estuviera convencida de quedarse. Sino porque no sabía cómo irse.

Y mientras tanto, sin que ella pudiera verlo con claridad, pasaba algo clave: entre más intensas eran las escenas con Sánchez, más dependía también de la estabilidad de su casa para no desintegrarse.

Estaba más dentro que nunca. En la relación con él. Y en la trampa, a la sombra del narcisista.

Las siguientes sesiones con Verónica llegaron justo en ese punto: Alicia sostenida por dos mundos.

Uno que la desbordaba. Otro que apenas la contenía.

Y un hombre —Sánchez— que no iba a dejar que soltara ninguno. Porque así la tenía mejor controlada.

Capítulo 32 — Verónica: El nombre que la congeló

Verónica ya había visto ese patrón. Lo leía en artículos. Lo escuchaba en historias de pacientes. Lo había vivido en carne propia.

Pero algo en Alicia la inquietaba más que otras mujeres. No era solo la intensidad emocional. Era la precisión del daño.

En la siguiente sesión, Alicia llegó agotada. Ojeras marcadas, hombros caídos, el gesto de alguien que ha dormido poco y pensado demasiado.

Se sentó en el sillón, abrazando la almohada pequeña como si fuera un salvavidas.

—Hoy no sé por dónde empezar —dijo apenas.

Verónica tomó aire, manteniendo la voz neutra.

—Donde te duela más —respondió—. Desde ahí normalmente se ordena lo demás.

Alicia rio sin humor.

—Entonces tendríamos que tirar el calendario y empezar una vida nueva —dijo—. Porque me duele todo.

Hubo un silencio breve. Verónica la miró con atención.

—La última vez hablamos de tres ejes —recordó—: tu relación de muchos años, este vínculo nuevo… y tú. Hoy, ¿quién está gritando más fuerte: tú, la novia, o la amante?

Alicia bajó la mirada.

—La que no sabe quién es —susurró—. Porque yo… ya no sé.

La sesión avanzó con calma. Alicia habló de las mañanas divididas por mensajes, de la ansiedad cuando él no escribía, de la culpa cuando miraba a su pareja a los ojos.

Verónica escuchaba, anotando mentalmente palabras clave: Desvelo. Adicción. Refuerzo intermitente. Culpa sin acción.

Nada de eso le era ajeno.

—Hubo algo nuevo —dijo de pronto Alicia—. Le dije que estaba pensando en terminar mi relación.

Verónica sintió una corriente fría recorrerle la espalda.

—¿Qué respondió él?

Alicia soltó una risa nerviosa.

—Que no lo hiciera. Que no tirara una relación larga “por decisiones en caliente”. Que no quería que me quedara sin red.

Verónica levantó apenas la vista de sus notas. No era una reacción empática. Era control.

—¿Y tú cómo te sentiste con eso? —preguntó.

—Confundida —respondió Alicia—. Porque si tanto me quiere... ¿por qué no quiere que esté libre? Y si tanto le importa mi relación... ¿por qué está conmigo?

Verónica dejó que la pregunta flotara. Esas eran las fracturas que, bien acompañadas, empezaban a abrir grietas sanas.

El momento llegó casi al final de la sesión. Alicia había hablado del coche, de los encuentros rápidos, de las ausencias repentinas y de las disculpas perfectas.

Y entonces, casi como quien menciona un detalle irrelevante, dijo:

—La sesión anterior pensé en decirle su nombre aquí… pero me dio vergüenza.

Verónica mantuvo el gesto sereno.

—Puedes hacerlo si lo deseas —dijo—. Ponerle nombre a las cosas a veces ayuda a verlas mejor.

Alicia dudó. Tragó saliva. Meció un poco la pierna, nerviosa.

—Se llama **Eduardo** —dijo al fin—. **Eduardo Sánchez.**

El tiempo se partió en dos. Verónica sintió cómo el cuerpo se le tensaba de golpe: la nuca rígida, los hombros duros, el estómago apretado.

El aire del consultorio se volvió más denso. La voz de Alicia siguió hablando, pero durante medio segundo, las palabras no llegaron completas.

Eduardo Sánchez.

No era un hombre cualquiera. No era un nombre cualquiera. Era el eje alrededor del cual había girado, tiempo atrás, su propio derrumbe.

Verónica no movió un músculo del rostro. Toda la reacción fue interna: como si alguien hubiera abierto, de golpe, un archivo que ella creía guardado en una bóveda.

Las frases regresaron, con un eco casi exacto:

"No quiero ser el motivo de ningún conflicto en tu vida." "No tires una relación larga por algo que estamos entendiendo." "Déjate llevar, yo me encargo del resto."

Las había escuchado. Sentido. Creído. Ahora, en la voz temblorosa de otra mujer.

—¿Estás bien? —preguntó Alicia, al ver que Verónica tardaba un par de segundos de más en responder.

Ese detalle la salvó: esa pregunta la obligó a regresar al presente. Verónica respiró hondo, apoyando discretamente los pies con más firmeza sobre el suelo.

—Sí —dijo, con calma controlada—. Solo estoy registrando la información. Eduardo Sánchez.

Repetir el nombre fue una decisión clínica. Nombrar al agresor sin revelar la historia propia.

El dilema profesional se presentó con la misma fuerza que el personal: Tenía frente a ella a una mujer atrapada por el mismo patrón, con el mismo hombre, con el mismo libreto.

Y al mismo tiempo, era su paciente. Su responsabilidad ética. Su espacio, no el de Verónica. No podía convertir esa sesión en su propio ajuste de cuentas.

Alicia siguió hablando.

—No sé por qué me da tanta vergüenza decir su nombre —confesó—. Es como si al decirlo... lo hiciera más real.

Verónica asintió despacio.

—A veces ponerles nombre a las cosas nos obliga a aceptar que no son solo una fantasía —dijo—. Que tienen consecuencias, historia, peso.

Su voz sonaba firme. Por dentro, estaba ordenando a toda velocidad.

Es el mismo. Está repitiendo el patrón. Ahora con ella.

Y una certeza incómoda:

Si lo confronta directamente, él va a girar el guion contra Alicia, igual que hizo antes.

La sesión terminó unos minutos después. Verónica cerró con una frase que no fue casual:

—Lo más importante hoy, Alicia, es que no estás loca ni exagerando. Lo que sientes tiene lógica dentro de lo que estás viviendo. No vamos a minimizarlo. Vamos a entenderlo.

Alicia asintió, visiblemente aliviada.

—Gracias —dijo, con la voz quebrada—. Tenía miedo de que pensaras que esto es... una tontería.

—No lo es —respondió Verónica—. En absoluto. Podemos trabajar con esto, paso a paso.

Cuando Alicia salió del consultorio y la puerta se cerró, Verónica se quedó de pie, inmóvil.

Miró el sillón donde ella se había sentado. El espacio todavía parecía lleno de su presencia.

Luego, por primera vez en mucho tiempo, se permitió algo que siempre recomendaba a otros, pero casi nunca se daba a sí misma:

Se sentó. Apoyó los codos en las rodillas. Hundió la cara en las manos. No lloró. No se derrumbó.

Solo dejó que una frase se instalara, clara y fría:

No voy a dejarla sola en esto. A partir de ahora, el acompañamiento tendría que ser distinto.

No era una promesa nueva. Era un reflejo reforzado. Pero ahora tenía un nombre, un rostro y un pasado que se cruzaban en la misma línea: Eduardo Sánchez.

El hombre que había sido su daño. Y ahora era el daño de ella. A partir de ese momento, cada decisión clínica que Verónica tomara tendría dos capas: La profesional. Y la personal.

Y el reto sería que Alicia nunca sintiera la segunda… pero sí recibiera toda la fuerza de la primera.

Capítulo 33 — Verónica: La salida final

Verónica no recuerda el día que dejó de amar a Sánchez. Pero sí recuerda el día que dejó de justificarse.

Fue semanas después del final. Después del último mensaje frío, después de darse cuenta de que todo lo que creyó "único" había sido un método. Un patrón. Una fórmula con ella como variable reemplazable.

La ruptura ya había ocurrido en palabras, sí. Pero no en el cuerpo. El cuerpo tarda más. Durante un tiempo vivió en una especie de resaca emocional: no lloraba, no dormía, no comía mal, pero tampoco bien. Solo... seguía. En automático.

Lo que nadie sabía —porque nunca lo contó— fue lo que realmente la hizo salir. No fue una frase de él. No fue una pelea. No fue una decepción puntual.

Fue **un instante mínimo**. Un sábado por la tarde, sola en su departamento, lavando los platos.
Nada extraordinario.

De pronto, mientras el agua corría, tuvo un pensamiento nítido, casi clínico:

Esto no fue amor. Esto fue condicionamiento.

La frase no le llegó como análisis académico. Le llegó como un golpe bajo.

Porque ella, que había estudiado estas dinámicas por años, ella, que podía diseccionar el narcisismo en una ponencia, ella, que advertía a otras mujeres sobre vínculos asimétricos...

Había caído exactamente donde todas caen: **en el punto ciego donde la teoría no protege y la necesidad sí empuja.**

Se apoyó en el fregadero. Sintió vergüenza. Pero también una claridad que no había sentido nunca.

No pensó: "me usó". No pensó: "me engañó". Pensó:

No vuelvo a anularme para que otro exista. Nunca más

Y eso fue todo. La verdadera salida no fue explosiva. Fue técnica. Fría. Quirúrgica.

Ese mismo día hizo algo que ninguna paciente suya habría logrado sola: **se aplicó a sí misma el protocolo que siempre recomendaba.**

1. **Corte total de estímulos.** Eliminó todo lo que la llevaba a él: mensajes, fotos, notas, itinerarios, correos, incluso las carpetas del congreso.

2. **Registro emocional.** Comenzó a escribir cada detonante, cada impulso de buscarlo, cada minuto de abstinencia como si fuera un caso clínico.
   Se estudió. Se documentó. Se objetivó. Convertirse en su propia paciente fue humillante… y liberador.

3. **Construcción de sentido.** No espiritual. No romántico. Profesional. Si había caído, era porque el conocimiento teórico no bastaba. Tenía que entender *desde adentro* lo que la literatura académica solo describe desde afuera.

Por primera vez en semanas, durmió.

Tiempo después

Barcelona se acercaba.

Verónica revisó las diapositivas finales de su ponencia.

La tituló:

“La psicodinámica de la elección narcisista: por qué las mujeres brillantes son las presas perfectas”.

No lo escribió pensando en él. Lo escribió pensando en ella misma. Y pensando en Alicia.

Porque algo la inquietaba desde la primera sesión con esa joven psicóloga: la mirada perdida, el temblor en la voz al mencionar “un profesor”, el miedo mezclado con anhelo, la forma en que hablaba de sentirse “vista”.

Verónica reconocía esos gestos. Los conocía mejor que nadie.

Capítulo 34 — Alicia: La telaraña se tensa.

Alicia empezó a sentirlo en pequeños detalles, como quien escucha un crujido en una casa que juraba estable. No era algo grande, no todavía. Era… un desajuste.

Los mensajes seguían, las llamadas seguían, las promesas seguían. Pero algo en Sánchez había cambiado de textura. Como si la suavidad de antes ahora tuviera una segunda capa que ella no sabía leer.

Una mañana, mientras buscaba un archivo en la computadora de su oficina, se dio cuenta de que llevaba diez minutos sin parpadear, observando la pantalla del celular.

Esperando.

No un mensaje: **una señal.**

Un recordatorio de que él seguía allí. De que "eran algo". De que no era solo ella sosteniendo un mundo completo con dos manos temblorosas.

Pero ese día el mensaje tardó más de lo normal. Y después de más de una hora, llegó por fin:

“Ando a mil. Luego te escribo.”

Solo eso. Sin emojis. Sin “preciosa”. Sin calidez. Alicia sintió un leve pinchazo bajo el esternón. No era dolor. Era… desorden. Como cuando mueves un mueble y descubres el polvo debajo.

Quiso ignorarlo. Quiso responder algo ligero. Pero no pudo escribir nada. Minutos después, escuchó unos golpes suaves en la puerta.

Era Sandra.

—¿Tienes un minuto? —preguntó con una seriedad que Alicia no veía desde hacía tiempo.

Alicia tragó saliva.

—Sí… claro.

Sandra entró y cerró la puerta. No se sentó. Eso ya era una señal.

—Amiga… —empezó, y la voz se le quebró un poco—. Te estás apagando y no te das cuenta.

Alicia parpadeó, confundida.

—¿Apagando?

—Te veo… partida. Como si tu cabeza estuviera aquí, pero tu cuerpo allá. —Señaló el celular—. Y eso no es normal. No en ti.

Alicia quiso decir “estoy bien”, pero su garganta no acompañó.

Sandra se acercó un paso más.

—¿Él está siendo distinto?

La pregunta fue un tiro certero. Alicia sintió que el aire se movía alrededor de ella de una forma que no controlaba.

—No lo sé —susurró—. Creo que sí… pero no quiero pensarlo.

—Alicia —dijo Sandra con firmeza—. No puedes estar en una relación que te hace esperar para poder respirar.

Alicia apretó los labios. El rostro se le humedeció sin que lo notara.

—No es así —intentó defenderlo—. Solo está ocupado. Tiene mucho trabajo. Su familia… su esposa… no es tan simple.

Sandra la miró en silencio. Ese silencio que no juzga, pero que sí refleja.

—Amiga… no estás describiendo a un hombre ocupado. Estás describiendo a un hombre que administra tu angustia.

Alicia bajó la vista. La frase cayó como un peso.

No quería creerlo. No quería siquiera explorarlo. Porque hacerlo significaba aceptar que algo estaba mal.

Muy mal.

Sánchez llamó. Su voz volvió a ser la misma de siempre: suave, precisa, envolvente.

—Te extrañé hoy —dijo—. ¿Estás bien?

Alicia cerró los ojos. Su cuerpo reaccionó antes que su mente.

—Sí. Solo… cansada.

—No quiero que estés mal —añadió él, con ese tono que era abrazo y advertencia al mismo tiempo—. Cuando tú te alteras… yo también. No me hagas preocuparme.

Alicia sintió un pequeño vuelco en el estómago.

No me hagas preocuparme.

Ella era responsable de su bienestar. Ella tenía que estar disponible. Ella tenía que mantenerse "ligera", "fácil", "suave".

—Voy a verte mañana —dijo él de pronto—. No tengo mucho tiempo, pero quiero que estemos bien.

Quiero que estemos bien. Otra frase envenenada. Suaves cadenas.

—Está bien —dijo Alicia, aunque no sabía si quería verlo o si solo quería evitar que él dejara de querer verla.

Cuando colgó, sintió algo que no había sentido antes. No era amor. No era culpa. No era deseo.

Era miedo. No a él. Sino a ella misma: a lo que estaba dispuesta a perder para no perderlo.

La sesión con Verónica

En la cita siguiente, Alicia llegó antes de tiempo. Verónica la recibió con esa mezcla de firmeza y calidez que solo tienen quienes han salido de un incendio y reconocen el olor.

—¿Quieres hablar de él? —preguntó.

Alicia asintió. Las palabras le salieron entrecortadas.

—Siento que me quedo esperando todo el tiempo. Y que si él me habla… todo se acomoda. Y si no… me desarmo. No me quiero sentir así.

Verónica entrelazó las manos.

—Alicia… eso no es amor. Eso es dependencia emocional inducida.

Alicia levantó los ojos, con una especie de terror suave.

—¿Inducida?

—Sí. Cuando alguien administra tu calma. Cuando alguien maneja tu acceso a la tranquilidad. Cuando tú ya no tienes control sobre tu propia regulación emocional.

Alicia respiró hondo. Le temblaron las manos.

—Yo antes no era así —susurró.

—Nadie "es así". Te vuelven así —respondió Verónica, con una firmeza que venía de su propia historia rota.

Alicia pestañeó. El mundo pareció inclinarse un milímetro.

Esa noche, antes de dormir

Tomó el celular. Lo miró. Y por primera vez, tuvo una sensación distinta:

¿Y si estoy empezando a desaparecer?

No dijo la palabra en voz alta. No lloró. No se movió. Pero una idea nueva, frágil y peligrosa, apareció:

Quizá no era solo amor. Quizá no era solo deseo.
Quizá… estaba atrapada.

Y aceptar eso —apenas en un susurro interno— fue el verdadero comienzo de su despertar.

La telaraña ya no era invisible. Ya tenía forma.

Y empezaba a tensarse.

Capítulo 35 — Alicia: El precio de no reclamar

Alicia despertó con una certeza incómoda: ya no esperaba mensajes por deseo, sino por miedo a lo que sentía cuando no llegaban.

Miró el celular. Nada. El silencio no debería significar nada. Pero significaba todo.

Se quedó acostada boca arriba, mirando el techo como si allí hubiera alguna pista para descifrarlo. El cuarto estaba oscuro, su pareja dormía profundamente a su lado, respirando de ese modo manso que antes le parecía tierno y que ahora solo le provocaba una punzada extraña.
No era culpa de él. Tampoco era amor lo que buscaba afuera. Era otra cosa. Una inquietud que no tenía nombre.

A las 7:42, vibró el teléfono.

“Buenos días, preciosa.”

Alicia exhaló como quien había estado conteniendo la respiración. Le respondió rápido, demasiado rápido, y cuando dejó el celular sobre la mesa, sintió una mezcla incómoda: alivio… y vergüenza de necesitar ese alivio.

En el trabajo, intentó concentrarse en los estudiantes que esperaban fuera de su cubículo. Anotó citas, revisó expedientes, firmó documentos; todo en automático. Pero cada vez que su teléfono vibraba —aunque no fuera él— un pequeño sobresalto le recorría el cuerpo.

A media mañana, él escribió:

"Hoy estaré ocupado hasta tarde. No me odies."

Alicia sonrió. Ni siquiera lo pensó.

"No te odio. Espero."

Apenas envió el mensaje, algo en su estómago se apretó. La palabra *espero* se sintió demasiado honesta.

La tarde se alargó con papeles, reportes y alumnos angustiosos. Cuando finalmente él llamó, Alicia salió al pasillo para responder.

—Hola, preciosa. —La voz de Sánchez sonaba cálida, perfecta, como siempre que necesitaba suavizar algo—. Perdona, de verdad no he parado.

—Está bien —dijo ella.

—Me encanta eso de ti —respondió él de inmediato.

Alicia frunció el ceño, confundida.

—¿Qué cosa?

—Que eres fácil. —Lo dijo con una risa suave, como si fuera un elogio—. No reclamas. No te enojas. No complicas nada.

Alicia se quedó quieta. Una corriente fría le recorrió la columna. Lo dijo con cariño. Pero también con un filo.

Ella buscó palabras que no sonaran frágiles.

—No es que no me enojé... solo... entiendo.

—No, no. —Él volvió a reír, bajando el tono—. No lo arruines con explicaciones. Me gusta tu forma de ser. Me das paz.

Me das paz. Alicia cerró los ojos. Quiso creerlo. Quiso que significara algo bueno. Y Alicia entendió, sin querer hacerlo consciente, que "paz" significaba no existir demasiado.

Pero también sintió, muy al fondo, que “paz” significaba otra cosa: **comodidad para él. Silencio para ella.**

—A veces pienso —continuó él— que si todas las mujeres fueran como tú, el mundo sería más fácil.

Alicia no respondió. No sabía cómo. Una parte de ella sonrió. La otra, se encogió como si algo la hubiera alcanzado sin aviso.

—Nos vemos mañana —dijo él finalmente—. No cambies, ¿sí?

La llamada terminó. Y Alicia se quedó parada en el pasillo, sintiendo que su cuerpo era una armadura demasiado pesada. No cambies. La frase se le pegó a la piel como polvo fino.

Esa noche, mientras preparaba la cena en silencio, su pareja intentó hablarle de su día. Alicia respondió con frases cortas, presentes a medias. No era que él importara menos. Era que su mente estaba en otra frecuencia.

Su pareja la abrazó como siempre. Alicia se dejó sostener, no por amor, sino porque en ese espacio aún podía respirar sin tener que ser menos.

Cuando el celular vibró en la mesa de noche, el corazón de Alicia saltó.

"Descansa, hermosa. Sueño contigo."

Alicia respondió sin pensar. Luego apagó la pantalla y se quedó en la oscuridad, con un pensamiento que no quería aceptar:

Para él, yo soy más fácil cuando no digo nada.
¿Y qué soy yo cuando digo algo?

No tenía respuesta. Pero sabía que tenía miedo de descubrirla. Porque reclamar —aunque fuera un poquito— se sentía como el precio más alto del mundo.

Y ella ya estaba pagando demasiados que no había elegido.

Cuando por fin logró dormir, tuvo un sueño extraño: caminaba dentro de un laberinto de pasillos blancos, buscando una puerta. Cada vez que creía encontrarla, al abrirla solo había otra pared.

Y en algún lugar lejos, muy lejos, una voz suave le decía:

"Así estás bien."

Y Alicia despertó con una certeza nueva: no reclamar no era neutralidad. Era el precio.

Capítulo 36 — Verónica: Estrategia sin confesiones

Desde que escuchó el apellido, desde ese instante frío y exacto en el que la realidad encajó como una pieza brutalmente precisa, Verónica no volvió a ser la misma en sesión.

Solo sintió un silencio profundo, afilado, muy antiguo.

Era él. El mismo. Otra vez.

Pero esa certeza no se transformó en caos. Se transformó en cálculo.

A la mañana siguiente, Verónica llegó a la facultad antes de que abrieran las oficinas. Se sentó frente a su computadora y abrió un documento inexistente, solo para tener algo que mirar mientras ponía sus ideas en orden.

No podía advertir a Alicia. No todavía.

Decirle la verdad sin estrategia sería como mostrarle una puerta sin llave: la paralizaría… o la empujaría más hacia él.

Verónica respiró hondo.

Su voz interior —la investigadora, la especialista en dinámicas narcisistas— habló primero:

"Protéjela sin asustarla." "Guíala sin revelarlo todo." "Hazle ver la estructura... antes de mostrarle el monstruo."

Porque si algo sabía después de sobrevivirlo era que la verdad no libera por sí sola. La verdad mal dada destruye.

Cuando Alicia llegó a su sesión, Verónica la vio distinta: más nerviosa, más luminosa... y más frágil. Esa mezcla que solo tienen quienes están en el centro de un torbellino emocional.

—¿Cómo te fue esta semana? —preguntó Verónica, con voz firme.

Alicia sonrió, pero la sonrisa tenía bordes tensos.

—Bien... supongo. Un poco rara.

Verónica no respondió. Esperó. Había aprendido que el silencio, si se sostiene con profesionalismo, abre más puertas que las preguntas directas.

Alicia bajó la mirada.

—Hay días en que él es… maravilloso —dijo en voz baja—. Y otros en los que… desaparece. Me deja colgada. Y luego vuelve como si nada.

Verónica asintió, sintiendo una punzada en el estómago que no dejó salir a su rostro. Había escuchado esa frase antes. Esa exacta combinación de palabras. En su propia historia. En su propia voz.

—¿Y tú cómo te sientes cuando desaparece? —preguntó.

Alicia apretó las manos.

—Pequeña.

La palabra cayó como un vaso que se rompe sin ruido.

Verónica respiró despacio.

—¿Y cuándo vuelve?

Alicia levantó los ojos, brillosos.

—Aliviada. Como que ya puedo… respirar.

Esa era la trampa, vivir bajo la sombra del narcisista. La que Verónica conocía demasiado bien: el alivio transformado en adicción.

—Quiero que observemos eso —dijo ella con calma—. No para juzgarlo. Sino para entender qué pasa contigo. Qué te mueve. Qué te sostiene ahí.

Alicia asintió, confiada, entregada al proceso, sin sospechar que su terapeuta estaba librando una batalla interna enorme para no mezclar su historia con la de ella.

Cuando Alicia salió de la oficina, Verónica cerró la puerta con la mano temblorosa.

La sesión había sido limpia, profesional, correcta. Pero por dentro, la rabia se había encendido como un fósforo pequeño pero persistente.

No rabia contra Alicia. Rencor contra Sánchez. Contra su repetición. Contra su patrón impecable.

Otra vez la misma fórmula. Otra vez la misma víctima emocionalmente compatible. Otra vez la misma estructura: admiración → desbalance → dependencia.

Verónica apoyó la frente en sus manos.

No podía intervenir directamente. No podía decir:

“Yo estuve ahí antes que tú.” “Él te está rompiendo.”
“Corre.”

No sería clínico. No sería ético. Y además, **Alicia no lo escucharía**. Todavía no.

Esa noche, Verónica abrió un nuevo cuaderno de notas. No para escribir un informe, ni un artículo académico, ni un estudio clínico.

Era para planear.

Página 1:

Estrategia para no perder a Alicia en el proceso.

Página 2:

Cómo guiar sin revelar. Cómo proteger sin controlar.
Cómo sostener sin salvar.

Página 3:

Un solo nombre escrito en tinta negra.

“**Eduardo**.”

Lo miró durante un largo minuto.

No sintió miedo. No sintió nostalgia. Sintió algo que nunca había sentido antes con relación a él:

Determinación.

Esta vez no vas a borrar a otra mujer, pensó. *No bajo mi vigilancia. No con mi silencio.*

Cerró el cuaderno. La batalla acababa de empezar. Y Verónica ya no era la víctima. Era la experta. Y esta vez iba a pelear diferente.

No voy a dejarla sola en esto. A partir de ahora, la ayudaré a introducir límites concretos. No para salvarla. Para devolverle el control.

Capítulo 37 — Sánchez: Ajustes en la presa

A Sánchez nunca le faltaba información. Alicia hablaba poco, es cierto. Pero su silencio decía más que cualquier confesión directa: cuerpo tenso, mirada ansiosa cuando él tardaba en responder, respiración más profunda cuando él aparecía.

Lo había visto antes. Muchísimas veces.

Y aun así, Alicia tenía algo distinto: una vulnerabilidad limpia, sin cinismo, sin máscaras, sin defensas. Una vulnerabilidad "útil", como él la llamaba en su mente.

No amor. No fascinación. No conexión.

Utilidad emocional. Eso era lo que lo movía.

Sánchez revisó su celular mientras esperaba el elevador de la facultad. Alicia había tardado ocho minutos exactos en responderle el último mensaje.

Ocho. Una eternidad para alguien ya enganchada.

Sonrió. No tanto por maldad, sino por confirmación. Para él, las personas eran sistemas psicológicos que podían mapearse, ajustarse, calibrarse.

Alicia no era la excepción.

Pero en las últimas semanas, algo había cambiado: estaba demasiado pendiente, demasiado entregada… y aunque eso podía parecer una ventaja, para alguien como él **era un riesgo**.

La dependencia total volvía a la presa impredecible. Y la imprevisibilidad lo cansaba. Era momento de aplicar el ajuste fino: no desaparecer, sino desestabilizar.

Entró a su oficina con paso seguro. Sacó su libreta de notas —una donde solo él podía leer ciertos códigos— y revisó la última página dedicada a Alicia:

“Etapa 3: Intermitencia cálida.”

Debajo, anotaciones breves:

— Reforzar elogios → solo en momentos clave.
— Mantener rol de “hombre bueno”: evita confrontaciones.
— Bloquear posibilidad de que ella tome

distancia.
— Introducir discurso de estabilidad con su pareja.

— Detectar influencias externas. Neutralizarlas.

Esa última línea lo hizo sonreír.

Era una estrategia que había perfeccionado a lo largo de los años: cuando la mujer empezaba a caer demasiado, él reforzaba la idea de que **su relación actual era "importante", "digna", "bonita"**.

Así ganaba dos cosas:

1. **La mantenía bajo control**, porque ella no sabía qué lugar tenía.
2. **Evitaba que la fantasía se volviera reclamo**, porque él podía decir "yo te advertí".

Ambigüedad.
El arma más fina.

Recordó también a Verónica.

Ella había sido un error de cálculo, algo que no admitía en voz alta. Al principio había creído que era igual que las otras, hasta que descubrió que era más inteligente, más analítica, más difícil de moldear.

Por eso se había apresurado a cortar el vínculo, disfrazándolo de honestidad emocional.

“Podemos ser amigos.” “Esto es complicado para mí.” “Te lo dije desde el principio.”

Frases que quedaban limpias en su boca. Y ahora... ahí estaba ella, en la misma universidad. Cerca de Alicia.

Sánchez cerró el cuaderno con más fuerza de la necesaria.

No le gustaba la coincidencia. No le gustaba que dos hilos se cruzaran sin su permiso.

Pero se tranquilizó recordando algo: Verónica siempre había sido demasiado ética, demasiado correcta, demasiado “profesional”.

No lo expondría. No sin pruebas. No sin perder credibilidad. Pero la ética no siempre significa pasividad.
Y Sánchez aún no sabía qué forma podía tomar eso.

Y él sabía cómo moverse exactamente en esa zona gris donde nada era suficientemente claro como para denunciarlo.

El celular vibró.

Un mensaje breve de Alicia:

"¿Todo bien? Hoy te sentí distante."

Sánchez no lo abrió de inmediato. Dejó que pasaran cuatro minutos. Luego cinco. Luego seis.

Finalmente respondió:

"Mucho trabajo, preciosa. No pienses cosas que no son."

Breve. Cálido. Perfecto.

Después añadió:

"Te extraño."

Alicia respondió de inmediato. Y Sánchez confirmó algo que no le gustó: ya no era solo deseo. Era dependencia total.

Sabía que esa combinación —distancia + caricia— era suficiente para que Alicia soltara la angustia… y se volviera a enganchar.

Guardó el celular, satisfecho.

La telaraña estaba en la fase exacta que necesitaba: No demasiado tensa. No demasiado floja.

Y mientras cerraba la puerta de su oficina, pensó en algo que lo hizo sonreír con un brillo casi infantil:

Aún faltaba lo mejor.

Porque para alguien como él, la parte más deliciosa no era la conquista…

Era el colapso.

Lo que Sánchez aún no veía —o no quiso ver—
era que cuando una presa empieza a colapsar, también deja de obedecer con precisión.

Capítulo 38 — Alicia: La fractura emocional

Alicia empezó a despertarse cansada.

No era falta de sueño. Era otra cosa. Como si el cuerpo supiera algo que la mente todavía no quería aceptar: que el equilibrio que sostenía su vida estaba empezando a resquebrajarse.

Las mañanas seguían siendo un ritual, pero ya no funcionaba. El mensaje llegaba… y aun así, algo no se acomodaba.

Pero últimamente, incluso cuando el mensaje llegaba a tiempo, no sentía alivio. Sentía… dependencia. Y eso la avergonzaba.

La universidad estaba ruidosa esa semana: estudiantes entrando y saliendo, profesores corriendo a clases, pasillos llenos. Alicia intentó sumarse al ritmo habitual, pero su mente estaba en otra parte.

Sandra lo notó primero.

—Amiga… ya no estás bien —le dijo sin rodeos, mientras caminaban hacia la máquina de café.

Alicia frunció el ceño.

—¿Qué quieres decir?

—Que ya no te da gusto verlo. Te da ansiedad.

Las palabras la atravesaron. Demasiado directas, demasiado verdaderas.

—No es eso —dijo Alicia, buscando una explicación que no sonara tan desnuda—. Es solo que… no sé qué quiere.

Y por primera vez pensó: ¿y si el problema no es no saber qué quiere él… sino que yo ya no sé qué quiero yo?

Sandra levantó la ceja.

—¿Y tú? ¿Tú qué quieres?

Alicia no supo responder.

Esa tarde, Sánchez apareció sin anunciarse, como siempre hacía cuando buscaba validación rápida.

—¿Cómo estás? —preguntó, sonriendo apenas.

—Bien —mintió ella.

Él se acercó un paso más. No la tocó. No tenía que hacerlo.

—Te siento rara —dijo en un tono que parecía preocupación, pero tenía un filo seco, apenas perceptible—. ¿Dije algo? ¿Hice algo?

Alicia lo miró y sintió un nudo que no supo nombrar.

—No... solo estoy cansada.

Él suspiró con perfecta actuación.

—A veces me pregunto si esto te pesa más de lo que dices. No quiero que sufras por mí. Tú tienes a alguien que te quiere, Alicia. No me gustaría que confundas las cosas.

El corazón le dio un vuelco. Esa frase. Ese "alguien que te quiere". Era un recordatorio disfrazado. Una advertencia sin levantarse la voz.

Alicia bajó la mirada.

—Yo... no estoy confundida —susurró, aunque sí lo estaba. Aunque pensándolo bien, sí, si lo estoy. ¿Quiero saber tú y yo que somos? ¿Qué es esto que estamos viviendo?

Él la tocó en el hombro apenas con la punta de los dedos. Un gesto mínimo, suficiente para desordenarla.

—¿Crees que porque nos mandamos mensajes, somos algo? ¿crees que esto es una relación a base de mensajes de texto? Me importas. Pero no compliquemos lo que es bonito.

Bonito. La palabra le cayó como un cristal frío. No amor. No proyecto. No posibilidad. Bonito.

Y de pronto, Alicia sintió una ruptura interna que no fue contundente, pero sí fue definitiva: se dio cuenta de que él hablaba desde arriba, como quien administra la dosis exacta para que ella no se rebele.

Y ella ya no sabía vivir sin esa dosis. Alicia sintió algo distinto. No miedo. No culpa. Una irritación breve, inesperada… que la sorprendió a ella misma.

En su siguiente sesión con Verónica, Alicia habló sin darse cuenta de lo que revelaba.

—A veces siento que él… no sé… cambia. Que un día me busca y otro… desaparece. Y yo me quedo esperando.

Verónica escuchó. No interrumpió. No dio diagnósticos.

—¿Cómo te hace sentir eso? —preguntó con suavidad.

Alicia negó con la cabeza, conteniendo algo.

—Me hace sentir poca cosa —dijo finalmente—. Como si lo que tengo para dar no fuera suficiente.

—¿Quién eras tú antes de que él se volviera el centro de tu regulación emocional?

Verónica sintió un golpe en el pecho. Era exactamente la frase que alguna vez ella misma había dicho sin darse cuenta.

—Alicia… —empezó, con cautela—. A veces no se trata de lo que das, sino de lo que la otra persona sabe recibir.

Alicia la miró. Sus ojos brillaban de una forma que Verónica reconoció al instante: la mezcla perfecta de necesidad, culpa y amor confundido.

Y supo que ella estaba mucho más adentro de lo que pensaba.

Esa noche, de manera casi automática, Alicia marcó el número de Sánchez. Él contestó al segundo timbre.

—Preciosa —dijo con ese tono dulce que ella anhelaba—. Justo estaba pensando en ti.

Alicia sintió el alivio recorrerle el cuerpo como un golpe de calor.

—Solo quería... escucharte —admitió, en voz baja.

—Aquí estoy —respondió él, con suavidad calculada—. Siempre estoy.

Alicia cerró los ojos.

Pero no era verdad. Él no estaba siempre. Solo estaba cuando ella estaba al borde. Cuando él podía recolocarse como salvador. Cuando ella necesitaba sentirlo cerca para no caer.

—No me dejes —susurró, sin pensarlo.

Hubo un silencio.

Un silencio que él manejó con precisión quirúrgica.

—Nunca te dejaría —respondió, con un calor que la derritió—. Pero no te me alejes tú, ¿sí?

Alicia asintió, aunque él no podía verla.

Y al colgar, algo quedó vibrando. No calma. Una pregunta incómoda: ¿en qué momento pedir que no te dejen se volvió mi forma de amar?

No era un final. Tampoco un quiebre todavía. Era el instante exacto en que Alicia dejó de confundir intensidad con amor... y empezó a temer lo que estaba perdiendo de sí misma.

Capítulo 39 — Alicia: La vida paralela

Alicia empezó a dividirse sin darse cuenta.

Tenía una vida afuera: su pareja, la universidad, los estudiantes que llegaban llorando a su cubículo, Sandra con sus cafés y sus preguntas directas.

Y tenía otra vida adentro: una hecha de mensajes, llamadas, silencios calculados y promesas suaves. Una vida donde Sánchez era centro, brújula y clima.

La transición entre ambas versiones de sí misma comenzó a sentirse como cambiar de idioma: natural cuando ocurría, agotador cuando tenía que sostenerlas a la vez.

Y por primera vez no supo cuál de las dos quería salvar.

Una tarde, su pareja llegó con comida para los dos.

—Pensé que te sentirías cansada —dijo, con ese tono genuino que siempre había sido su refugio.

Alicia sonrió. Lo quiso. Lo agradeció. Pero mientras lo escuchaba hablar de su día, su mente estaba en otra parte.

En un mensaje que todavía no llegaba. En una llamada que esperaba desde hacía horas.

Se sintió miserable. Mentirse sí podía; mentirle a él, no tanto. Y entendió algo incómodo: no estaba engañándolo solo con otro hombre, sino con una versión de ella que ya no estaba ahí.

—¿Estás bien? —preguntó su pareja, tocándole la mano.

Alicia retiró la suya sin querer, apenas unos centímetros.

—Sí... solo cansada.

Mentira. Estaba dividida. Y cada división dolía un poco más. Su pareja siguió hablando, sin notar el temblor interno que ella trataba de disimular.

Esa noche, cuando él se durmió, Alicia caminó hacia la cocina, apagó la luz principal y dejó encendida solo la del refrigerador.

La pantalla del celular se iluminó con un mensaje: "¿Aún despierta?"

Su pecho se apretó.

"Sí", respondió.

La llamada entró enseguida. Él nunca llamaba si había alguien más cerca; ella nunca contestaba sin asegurarse de estar sola. Todo era una coreografía.

—Te extrañé —dijo él, suave, casi tierno.

Alicia se apoyó en la barra de la cocina, sosteniendo el teléfono con ambas manos.

—Yo también —susurró.

—¿Estuviste pensando en mí?

—Sí.

Él sonrió. Ella lo escuchó en su respiración.

—Eso me gusta. Me gusta que estés conmigo aunque estés allá.

Alicia sintió una mezcla dolorosa de calor y vacío.
Estar con él significaba estar lejos de sí misma. Pero no podía detenerse. Por primera vez, cuando colgó, no se quedó mirando el teléfono. Lo dejó boca abajo.

En la universidad, las cosas empezaban a desalinearse. Perdía citas. Contestaba tarde. Llegaba tarde a reuniones. Sandra la observaba como quien ve una grieta avanzar por una pared recién pintada.

—Alicia... ¿me quieres decir qué está pasando? —preguntó una mañana, sin rodeos.

—Nada —respondió ella, demasiado rápido.

—Pues a mí me parece que vives en dos ciudades distintas al mismo tiempo —dijo Sandra, cruzándose de brazos—. Y en ninguna estás entera.

No quiso corregirla. Porque esta vez, Sandra no estaba exagerando.

Alicia sintió el pecho hueco. No negaría que Sandra tenía razón. Simplemente no tenía fuerzas para confirmar que sí.

En su siguiente sesión con Verónica, Alicia habló más que nunca. No mencionó nombres, ni detalles explícitos, pero todo lo que decía era una señal clara para cualquiera que conociera ese tipo de vínculos.

—Siento que tengo una vida con él... —dijo Alicia—. Y una vida afuera. Y cada una exige cosas distintas.

Verónica la miró con atención profesional, pero también con una memoria vieja, que ardía un poco.

—¿Y tú dónde estás? —preguntó, con un tono que no era juicio, sino pregunta honesta.

Alicia parpadeó, sorprendida. Nunca se había hecho esa pregunta.

—No sé —susurró.

Verónica inclinó la cabeza con suavidad.

—La suspensión prolongada también es una forma de desaparición —dijo Verónica—. Solo que es silenciosa.

—Cuando una relación te obliga a dividirte... suele ser porque la otra persona no está dispuesta a sostenerte completa.

Alicia tragó saliva.

—Pero cuando estoy con él... me siento viva —dijo casi en un susurro—. Como si él despertara cosas que yo tenía dormidas.

—¿Y cuando no está? —preguntó Verónica.

Alicia bajó la mirada.

—Me siento... suspendida.

Fue la primera vez que lo dijo. La primera vez que puso palabra a ese vacío.

Verónica sintió un estremecimiento. No porque fuera nuevo, sino porque era idéntico a algo que ella había vivido.

Esa noche, Sánchez volvió a desaparecer unas horas. Para cuando envió un mensaje, era breve:

“Estoy en líos. No puedo hablar.”

Alicia sintió una punzada familiar. No preguntó. No reclamó. Solo respondió:

“Avísame si necesitas algo.”

Él tardó veinte minutos en contestar.

“Solo quédate ahí. No me falles.”

Ella sonrió. Pero al cerrar la pantalla, sintió un vértigo leve: “Ahí” significaba estar disponible. Estar quieta. Estar esperando.

Y sin saber cómo había llegado hasta ese punto, se dio cuenta de que su vida real estaba reduciéndose lentamente… para encajar en los huecos que él le dejaba.

La vida paralela ya no era paralela. Era una grieta que atravesaba todo.

Y por primera vez, Alicia no pensó en cómo sostenerla…sino en qué parte de sí estaba dispuesta a perder si seguía allí.

Capítulo 40 — Verónica: La intuición clínica

La consulta terminó diez minutos antes de la hora. No porque Alicia hubiera hablado poco, sino porque Verónica necesitaba respirar antes de decir algo que aún no podía decir.

—¿Quieres agua? —preguntó, más para ganar tiempo que por cortesía.

Alicia negó con la cabeza, mirando sus propias manos como si acabara de descubrirlas. La sesión había sido diferente: menos narrativa, menos defensiva, más… desnuda.

Alicia había dicho palabras que en boca de cualquier otra paciente sonarían vagas, pero en ella llevaban un temblor específico:

"Cuando él desaparece siento que no existo." "No sé cómo regresarme a mí." "Es como si nunca supiera en qué versión de él estoy."

Verónica conocía esas frases. No porque las hubiera leído en teoría. Sino porque las había vivido.

La miró con la calma aprendida de años, pero por dentro la sangre latía rápido, como si algo antiguo quisiera romper el hielo.

—Alicia... lo que describes no es inestable. Es intermitente —dijo Verónica finalmente—. Y lo intermitente no confunde: condiciona.

Alicia levantó la mirada, sorprendida. Era la primera vez que alguien lo nombraba tan claro.

—¿Condiciona... cómo?

Verónica cruzó las manos sobre las rodillas. Su tono era clínico, pero algo en su pecho dolía.

—Cuando alguien te da intensidad un día... y ausencia al siguiente, tu cuerpo entra en alerta. Empieza a anticipar. A corregir. A apagarse para no perderlo.

Alicia tragó saliva.

—Sí. Así se siente.

Verónica la observó con atención. Ya no veía solo a una paciente. Veía a una mujer aproximándose al mismo precipicio del que ella había salido con las manos sangrantes.

—¿Y lo quieres? —preguntó Verónica.

Alicia cerró los ojos como si la respuesta la cansara.

—Lo quiero… cuando está. —Hizo una pausa—. Cuando no está, solo lo extraño.

Eso fue suficiente. Eso fue todo.

Ahí estaba el patrón: el ciclo de recompensa y retirada, el anzuelo perfecto, el afecto que se vuelve jaula.

Verónica respiró hondo. La habitación olía a papel, a madera, al perfume suave que Alicia usaba los días en que no quería que la leyeran demasiado.

—Alicia —dijo—. Quiero que me digas la verdad aunque te dé miedo: ¿has sentido que te estás perdiendo?

Alicia tardó dos segundos en contestar. Dos segundos que le temblaron en los labios.

—Sí.

Verónica sintió un golpe seco en el pecho. Ahí estaba: la confesión esencial. El punto exacto donde una relación deja de ser vínculo y se convierte en dependencia afectiva inducida.

Y sin embargo… no podía decírselo todo. No todavía. No sin saber cómo protegerla después de hacerlo.

—Vamos a trabajar para que no te pierdas —dijo con voz suave—. Para que tengas herramientas para volver a ti cuando él no esté. Alicia asintió, como una niña que acepta un abrigo.

Pero Verónica sabía la verdad: mientras él siguiera siendo estímulo y castigo, ninguna herramienta sería suficiente.

Cuando Alicia salió del consultorio, Verónica cerró la puerta con más fuerza de la necesaria. Se recargó en la pared, respirando hondo.

Sabía que había llegado el momento. No podía sostener esa terapia a ciegas. No podía seguir fingiendo neutralidad profesional ahora que sabía —desde sesiones anteriores— que el hombre del que Alicia hablaba era el mismo que había destruido su propia historia

El mismo que la había seducido, aislado, confundido, abandonado. El mismo que había dicho todas esas frases exactas, casi calcadas, con idéntica cadencia.

Era casi… clínico.

Y ahí, en ese silencio, Verónica entendió algo que no fue teórico ni académico. Fue visceral.

Alicia no necesitaba solo acompañamiento. Necesitaba contención estratégica. No contra la relación… sino contra el patrón que la estaba desdibujando.

Se sirvió un vaso con agua y lo bebió sin pausa, como si hubiera corrido una maratón.

Entonces, sin querer, recordó una frase de su propio derrumbe en París: "No vuelvo a entregar partes de mí a alguien que no se las ha ganado."

Miró su propio reflejo en el cristal de su escritorio, sin maquillaje, con el cabello recogido de manera descuidada.

—No esta vez —susurró.

Esa noche escribió tres páginas de notas clínicas.
Detalló signos, patrones, riesgos, niveles de avance, mecanismos de enganche.

Pero al final, escribió una última línea en tinta negra, deliberadamente no profesional:

“No voy a intervenir desde la emoción. Voy a sostenerla hasta que pueda verse. Eso es lo que nadie hizo conmigo.”

Era la primera vez que usaba la palabra salvar en un expediente.

Y sabía que, a partir de ahí, ya no había marcha atrás.

Capítulo 41 — Alicia: Las grietas que ya no puede tapar

Alicia amaneció con los ojos hinchados y la garganta seca. No había llorado, pero su cuerpo se había quedado en esa frontera inquieta que existe entre el cansancio y la ansiedad. Dormir ya no le daba descanso. Le daba... pausa. Nada más.

Abrió el celular antes de levantarse. Nada. Un minuto. Cinco. Treinta.

Nada.

Ya no era solo el silencio. Era **la anticipación al silencio**, como si su cuerpo se preparara cada mañana para ser medido, evaluado, aceptado o ignorado por un mensaje.

Cuando por fin llegó —pasadas las diez— fue corto: "Hoy imposible verme. Mañana hablamos."

Alicia sintió un golpe seco en el pecho, como si alguien hubiera cerrado una puerta desde dentro. No era la frase. Era el tono. Ese tono que antes la hacía sentir especial... y ahora la hacía sentir reemplazable.

Trató de concentrarse en el trabajo, pero su cabeza estaba fragmentada. Cada tarea se interrumpía por una duda, un recuerdo o una necesidad que no sabía explicar.

En clase, olvidó un ejemplo. En la oficina, mandó un correo incompleto. En la sala de maestros, Sandra la observó en silencio.

—¿Qué pasó hoy? —preguntó al fin.

Alicia quiso decir "nada". Quiso decir "solo estoy cansada".

Pero lo que salió fue:

—No sé qué hice mal.

Sandra la miró con una tristeza que no intentó ocultar.

—Alicia... no todo lo que pasa en tu vida emocional tiene tu nombre escrito. No todo es culpa tuya.

Alicia bajó la mirada. No sabía cómo explicarlo sin sentirse expuesta, sin sonar adolescente, sin confesar que su estado de ánimo dependía de un hombre que ni siquiera era su pareja.

—Es que cuando él está, todo se siente bien —dijo finalmente—. Pero cuando se aleja... siento que me quitan el aire.

Sandra apoyó una mano en su brazo.

—Ese no es amor, amiga. Eso es... otra cosa.

Alicia no quiso preguntar qué “otra cosa”. No aún.

Pero por primera vez pensó que quizá sí quería saberlo.

Esa tarde, en su sesión con Verónica, Alicia se sentó más rígida de lo habitual. Sus manos jugueteaban con la tapa del termo. No sabía por dónde empezar.

Verónica la dejó en silencio un momento, dándole espacio para encontrar el hilo.

—Hoy no recibí mensajes por horas —admitió Alicia—. Y... me sentí horrible.

—¿Qué parte fue horrible? —preguntó Verónica.

—La espera —respondió Alicia, casi en un susurro—. Me volví... otra persona. Otra que no me reconozco.

Verónica asintió, pero no habló. Solo observó algo que Alicia no veía: **la tensión en su mandíbula**, esa que aparece cuando una mujer empieza a ajustar su vida entera alrededor de alguien más.

—¿Y qué sentiste cuando sí te escribió? —preguntó.

Alicia cerró los ojos.

—Alivio. Como si… como si me regresara a mí misma. Aunque solo fueran dos líneas.

Verónica inhaló hondo. La línea que estaba cruzando Alicia era clara, nítida, conocida.

—Alicia… —dijo con suavidad—. ¿Qué pasaría contigo si ese mensaje no llegara nunca?

El silencio fue brutal. Alicia sintió un hueco que no supo llenar.

—No lo sé —respondió al fin—. Y me doy cuenta de que antes eso no me asustaba.

Verónica anotó algo en su libreta y luego la vio directamente.

—Eso no es amor, Alicia. Es regulación externa. Y suele aparecer cuando alguien empieza a perder su centro.

Alicia sintió un temblor interno, como si la frase hubiera hecho eco en un lugar que no quería tocar.

—¿Crees que estoy perdiendo el control? —preguntó.

—Creo —dijo Verónica, sin suavidad— que estás entregando partes de ti que no sabías que podías entregar.

Alicia no lloró. Pero estuvo cerca.

Esa noche, Sánchez la llamó.

—Perdona por desaparecer —dijo con esa voz que sabía exactamente en qué fibra tocarla—. Es que... me hiciste falta.

Alicia respiró hondo.

—También te extrañé.

—Lo sé —respondió él—. Y me gusta. Pero Alicia... no me presionas. No me cuestionas. No me complicas. Eso me encanta de ti.

Alicia sintió un nudo en el estómago. Ese halago no era halago. Era un manual de instrucciones.

—Claro —dijo, aunque su voz tembló un poco—. No te preocupes.

Pero al colgar se dio cuenta de que había dicho “no te preocupes” por reflejo, no por convicción.

Él suspiró, satisfecho.

—Así estamos bien. No cambies.

Alicia cerró los ojos. Porque una parte de ella sí quería cambiar. La parte que ya estaba cansada. La parte que sabía que algo andaba mal. La parte que empezaba a vislumbrar que lo que ella llamaba “calma” era, en realidad, una jaula emocional.

Colgó y quedó en silencio.

Por primera vez desde que todo empezó, no sintió alivio después de escucharlo.

Sintió… **pérdida**.

Y supo —aunque no pudiera decirlo en voz alta— que algo se estaba tensando alrededor de ella, como si empezara a entender que la telaraña no solo estaba afuera…sino también en las cosas que ella decía para no perderlo.

Capítulo 42 — Verónica: Cuando saber ya no basta

Verónica cerró la puerta de su oficina y apoyó la espalda contra la madera. No estaba cansada. Estaba procesando. Su cuerpo ya conocía ese estado: la suma exacta de intuición + memoria + alerta profesional.

Alicia acababa de irse, y durante toda la sesión hubo un momento —uno solo— en que la voz de ella se quebró cuando dijo:

—A veces siento que él me sostiene... y otras, que me suelta para ver si corro detrás.

Esa frase no era casual. Era un patrón. Uno que Verónica conocía demasiado bien.

Se acercó a su escritorio y abrió la libreta donde hacía anotaciones privadas, las que no entregaba en expedientes formales. En la parte superior escribió dos palabras:

Dependencia inducida.

Suspiró.

Ya no había dudas. No eran suposiciones vagas, ni coincidencias incómodas. Era Sánchez.

El mismo rostro, el mismo tono, los mismos silencios, el mismo método quirúrgico para dosificar afecto y distancia. El mismo hombre que alguna vez la había mirado con ternura en París... y luego la había desmoronado con una sola frase.

La diferencia ahora era que Verónica ya no estaba atrapada dentro del hechizo. Lo veía desde afuera. Desde la ciencia. Desde la experiencia. Desde la herida ya cerrada.

Pero justo por eso sabía lo peligroso que podía ser.

Se sentó. Miró el techo unos segundos, dejó que el aire bajara al pecho y organizó mentalmente lo que venía:

1. Alicia ya está demasiado dentro.
2. Revelarle la verdad ahora podría quebrarla.
3. Pero callar demasiado tiempo sería igual de dañino.
4. Necesito un plan. Uno que no la empuje al abismo, pero que la prepare para verlo con sus propios ojos.

Porque si había algo que Verónica había aprendido en su propio infierno con Sánchez, era esto:

Nadie puede salvar a una mujer atrapada en una relación narcisista si ella no ha visto todavía el mecanismo completo.

Verónica abrió el expediente y leyó algunas frases que Alicia había dicho en sesiones previas:

—No sé qué hice mal.

—Cuando vuelve, todo se acomoda.

—No quiero perderlo.

—No quiero ser una carga.

Subrayó cada una.

Luego escribió al margen:

Refuerzo intermitente. Idealización selectiva.
Culpa inducida. Desgaste progresivo.

Por primera vez no lo escribió como académica. Lo escribió como alguien que sabía exactamente lo que venía después.

Todo encajaba. Demasiado.

El estómago se le tensó, no por miedo, sino por rabia… esa rabia fría que solo sienten quienes ya sobrevivieron a algo que no merecían.

Cerró el cuaderno.

Una sola imagen cruzó su mente: Alicia, mirando el celular como si su vida dependiera de una notificación.

Verónica tragó saliva.

Ella también había sido esa mujer. También había esperado un mensaje que no llegaba. También creyó que era amor.

Y ahora tenía frente a ella a otra mujer que avanzaba por la misma pendiente resbalosa. Pero esta vez, la historia no iba a repetirse.

Verónica tomó su pluma y escribió la primera línea de lo que sería su estrategia:

“No le diré el nombre aún. Primero, la haré ver el patrón.”

Porque si algo tenía claro era esto:

El golpe de la verdad no duele tanto cuando ya estás fortalecida por dentro.

Y Verónica iba a fortalecer a Alicia. Paso a paso. Con la precisión de quien ya conoce el laberinto.

Sin alarmarla. Sin lastimarla. Sin repetir los errores que a ella misma nadie le advirtió. Se recargó en la silla y exhaló lentamente.

Verónica lo entendió con claridad incómoda: si esto salía mal, no solo Alicia sufriría. Ella también tendría que asumir las consecuencias.

La conexión ya estaba completa. Ahora venía la parte más difícil: acompañarla a salir...aunque eso significara enfrentarse de frente al mismo hombre que una vez la rompió a ella.

Capítulo 43 — Alicia: El quiebre antes del fin

Alicia despertó con una sensación extraña, como si la piel le quedara un poco más apretada de lo normal. No era dolor. Era… ausencia. Un hueco.

Abrió el celular: ningún mensaje.

No era la primera vez que sucedía. Pero esta vez, algo dentro de ella no intentó justificarse. No pensó en "estará ocupado", ni en "quizá dormía", ni en ninguna de esas explicaciones automáticas que antes la calmaban.

Solo sintió el vacío. Sin anestesia.

Se levantó, preparó café, trató de leer un archivo para clase, pero las palabras se desarmaban al llegar a sus ojos. La casa estaba en silencio, pero no un silencio pacífico: era un silencio que dolía.

A media mañana, le llegó un mensaje corto:

"Hoy no puedo. Hablamos otro día."

Sin más. Sin un "¿cómo estás?". Sin un "te extraño". Sin nada que sostuviera ese universo emocional que él mismo había construido.

Alicia cerró el celular y sintió un nudo subiéndole por la garganta.

Recordó entonces algo que había intentado no mirar durante días: la confesión de Sánchez. La otra mujer.

La comparación.

La frase exacta: “ella me entiende mejor”.

La comparó con la otra, diciéndole que la otra lo entendía mejor, era menos emocional, más intelectual. Eso terminó de romper a Alicia por dentro. No era tristeza. Era desorientación. Como si la brújula que llevaba semanas usando de pronto se hubiera puesto a girar sin rumbo.

Intentó no pensarlo. Intentó no sentirlo. Intentó ser “la Alicia de antes”.

Pero ya no existía la Alicia de antes.

En la universidad, todo le pesaba más. Los alumnos, los correos, las juntas, las voces en el pasillo. Caminó hacia su oficina con la sensación de que algo dentro de ella se había roto, pero de una forma rara, silenciosa, como si la fractura fuera interna, imperceptible para el mundo.

Sandra la vio pasar y frunció el ceño.

—Oye… ¿estás bien? —preguntó.

Alicia sonrió, un gesto pequeño y torpe.

—Sí, solo… cansada.

Sandra la miró un segundo más, demasiado tiempo para que Alicia se sintiera expuesta.

—No es cansancio —dijo, bajito—. Es otra cosa.

Alicia tragó saliva y asintió, aunque no respondió. Porque si decía algo, la voz se le iba a romper.

En la tarde, por fin llegó un mensaje nuevo:

“Perdona si estoy frío. Solo estoy saturado.”

No era un pedido de perdón real. Era una explicación vaga, sin compromiso, sin gesto tangible. Pero aun así, Alicia sintió alivio.

¿Cómo podía sentirse mejor por tan poco? ¿Cómo había llegado a necesitar tanto esas gotas mínimas de atención?

Se sentó. Respiró hondo. Y entonces lo sintió: Una parte de ella empezaba a despertar. Una parte que no solo es dolor, sino lucidez.

No era fuerza todavía. No era valentía. Era una grieta. Una grieta nueva, distinta a las anteriores.

No una que él hubiera creado. Sino una que nacía dentro de ella, desde la incomodidad profunda de saberse viviendo algo que ya no le hacía bien.

Esa noche, Alicia miró su reflejo en el espejo del baño. Sus ojos tenían algo distinto: menos brillo, más peso.

—¿Qué te está pasando? —susurró. ¿Cuándo empecé a vivir para esperar?

Era la primera vez que se hacía la pregunta sin miedo a la respuesta. El celular vibró. Un mensaje breve: "No te preocupes tanto." Eso fue todo.

Alicia lo leyó y sintió una punzada en el pecho. No por la frase...sino por lo que ya significaba: El afecto ya no era un refugio. Era una cuerda que apretaba. Alicia apagó la pantalla y, por primera vez desde que todo empezó, sintió ganas de llorar... sin saber exactamente por qué.

No era por él. No solo. Era por ella. Por lo que se estaba perdiendo a sí misma.

El quiebre no había sido un evento. Fue un día cualquiera. Un mensaje cualquiera. Un silencio cualquiera.

Y sin embargo…todo había cambiado.

Y aunque todavía no sabía cómo salir, por primera vez supo que quedarse ya no era una opción neutra.

Capítulo 44 — Barcelona: La presentación final

Barcelona no olía igual que la primera vez. O quizás era Verónica quien ya no era la misma mujer que llegó un año atrás, temblando por dentro, buscando validación en los aplausos y en los ojos equivocados.

Esta vez, llegó sola.

Sin Sánchez. Sin sombras. Sin la necesidad de que nadie la mirara para existir.

Mientras avanzaba entre los pasillos del Centro de Congresos, las luces, los murmullos en distintos idiomas y el bullicio académico se sentían... limpios. Neutros. Por primera vez en mucho tiempo, no había un segundo ruido debajo de todo: ese zumbido emocional que antes confundía con deseo o con admiración.

Ahora sabía lo que era. Manipulación. Y supervivencia.

Se ajustó el gafete, acomodó las carpetas con sus notas y respiró hondo. En la pantalla principal se leía el título de su ponencia:

“La psicodinámica de la elección narcisista: por qué las mujeres brillantes son las presas perfectas”.

El mismo proyecto que había traído a Europa la primera vez. Pero ahora tenía una última capa, la más importante: **experiencia propia.**

No testimonial. No confesional. Sino científica. Precisa. Clínica.

La vida le había dado un caso real. Ella había sobrevivido a ese caso. Ahora lo convertía en conocimiento para que otras no cayeran.

El auditorio empezó a llenarse.

Antes de subir al escenario

Verónica dejó su bolso en la mesa de ponentes y abrió su cuaderno. No necesitaba leerlo. Lo conocía de memoria. Pero quería sentir el peso del trabajo que había hecho.

Su salida de la relación no había sido ruidosa, pero sí profunda. Alicia había sido parte del impulso final. Salvar a otra era, de alguna forma, terminar de salvarse a sí misma.

Pensó en ella un instante. En cómo Alicia había llegado rota y confundida. En cómo, sesión tras sesión, había ido hilando las piezas hasta ver el patrón completo. El patrón de él.

Y pensó también en cómo Alicia, con valentía silenciosa, había dicho las palabras que nunca pensó poder pronunciar:

"Voy a desaparecer de su vida. Contacto cero. Lo necesito para volver a ser yo."

Esa frase había sido la señal de que la historia, por fin, iba a cerrar.

La presentación

Cuando encendieron el micrófono, el auditorio guardó silencio. Verónica habló con la claridad de quien ya no tiembla.

Explicó los ciclos. La idealización. El acercamiento progresivo. El enganche emocional. El refuerzo intermitente. La culpa. El desgaste.
La fractura interna que nadie ve desde afuera. Y la salida estratégica.

Pero lo dijo sin lágrimas. Sin dramatismo. Con precisión científica. Con una serenidad que solo tienen quienes ya no necesitan esconder nada.

Las preguntas del público fueron intensas, pero respetuosas. Una mujer levantó la mano:

—¿Qué es lo más difícil de salir?

Verónica sostuvo la mirada.

—Aceptar que lo que confundimos con amor nunca lo fue —respondió—. Y que lo que parecía único era, en realidad, un patrón repetido muchas veces por el agresor.

Aplausos. Sinceros. No de admiración superficial. De reconocimiento.

Al terminar

Mientras guardaba sus cosas, le llegó un mensaje de Alicia.

"Listo el plan. Contacto cero. Estoy lista."

No era una declaración de fuerza. Era una decisión tomada con miedo… y aun así sostenida.

Verónica sonrió. No porque todo ya estuviera resuelto —la recuperación nunca es un acto, sino un proceso—, sino porque Alicia había escogido la vida real. No la fantasía.

Ella misma había elegido lo mismo meses atrás.

Y ahora, de pie en Barcelona, con la sala vaciándose frente a ella, lo comprendió del todo: salir de un narcisista no es una derrota, sino una victoria íntima que no necesita aplausos.

Era el cierre perfecto.

Mientras cerraba la carpeta, Verónica vio en el programa preliminar del próximo semestre un detalle que antes le habría pasado inadvertido: el nombre de Eduardo Sánchez ya no figuraba en la plantilla académica.

No había anuncios, ni correos, ni comunicados oficiales. Solo una ausencia limpia.

No sonrió. No sintió triunfo. Entendió algo mejor: algunos hombres no caen, simplemente se mueven cuando el terreno deja de serles cómodo.

Epílogo — Después del silencio

El tiempo no hizo magia. Pero sí hizo espacio.

Tres meses después de Barcelona, la vida había vuelto a su velocidad normal. No más sobresaltos. No más mensajes que definían mañanas. No más sobresaltos disfrazados de amor.

Solo días. Simples. Propios.

Alicia

Alicia no recordó el día exacto en que dejó de revisar el teléfono al despertar. Fue gradual, como se curan las heridas que se hicieron en silencio.

Su relación de pareja no regresó a lo que era antes. Pero tampoco se rompió. Ambos —ella y él— entendieron que algo había pasado, algo que tenía que ver con cansancio, con falta de atención mutua, con vacíos que ninguno había nombrado.

No hubo confesiones explícitas. No había necesidad.

Había trabajo emocional que hacer, sí, pero también había afecto real que reconstruir.

Lo que sí hubo fue una certeza nueva en ella: Nunca más iba a perderse dentro de otra persona.
Había aprendido —no sin costo— a distinguir entre intensidad y amor.

Seguía en terapia. No por él. Por ella. Porque había descubierto algo más valioso que el deseo: la estabilidad emocional propia.

Una tarde, al salir de su sesión, vio un mensaje desconocido en su bandeja. Nadie importante. Nada urgente.

Alicia sonrió. Por fin, la vida no se medía en vibraciones de un celular.

Verónica

Verónica regresó a su oficina universitaria sin la sensación de sombra detrás de la nuca. Sánchez ya no estaba en la universidad. Se había movido a otra institución, con la misma facilidad con la que siempre cambiaba de escenario.

Ella ya no temblaba al verlo. Ya no sentía ese nudo antiguo en la garganta. Lo observaba como quien mira una fotografía que alguna vez dolió, pero ya no tiene poder.

Su trabajo sobre abuso emocional fue solicitado por otras universidades. La querían en paneles, en congresos, en redes. No por la novela que vivió. Por la claridad que ahora tenía para explicarla.

Un día, caminando hacia su cubículo, se cruzaron frente a frente. Sánchez le dio esa sonrisa suya, controlada, pulida.

—Verónica —dijo con falsa calidez—. Hace tiempo que no hablamos.

Ella lo miró, tranquila, sin acelerar el paso. —Y así seguirá —respondió.

Lo dejó atrás sin sentir nada en el estómago. Nada en el pecho. Nada que la arrastrara de vuelta a ninguna herida.

La libertad, pensó, no siempre suena a grito. A veces suena a un simple “hasta aquí”.

Ambas

Alicia y Verónica se reunieron por última vez en un café cerca de la universidad. No como terapeuta y paciente. Ni como sobreviviente y guía.

Como dos mujeres que entendieron lo mismo: que no todas las historias que juntas comienzan, juntas terminan. Que el peligro no estaba en haber sido vistas, sino en haber sido confundidas con un vacío que él necesitaba llenar.
Y que salir no era un acto heroico, sino un acto íntimo de amor propio.

Hablaron poco. Rieron un poco más. Y cuando se despidieron, no hubo solemnidad.

Solo la sensación de que la vida, por fin, volvía a ser suya.

A veces, el silencio de después, es la verdadera libertad.

Índice

Gracias por acompañarme hasta aquí. Esta novela fue escrita con profundo respeto y compromiso hacia las muchas mujeres que viven —a veces sin nombrarlo— bajo el abuso emocional.

Porque el narcisista no siempre se presenta como enemigo: suele disfrazarse de buen amigo, mentor, maestro o figura de admiración. Y bajo esa piel amable, muchas veces se esconde un depredador silencioso, del que salir no es fácil, pero sí posible.

Que esta historia sirva como espejo, advertencia y, sobre todo, como recordatorio de que ninguna mujer está sola.

Para mantenernos en contacto…

Te invito a visitar mi página web

www.angelicalarios.com

y estar al tanto de novedades y sorpresas que tengo para ti.

Si deseas mantener el contacto, puedes afiliarte a mi lista de suscriptores, únete a mi boletín y recibe noticias de mi parte.

Únete

Te invito a leer mi primera novela Ysabel La historia a través de la máquina de coser Pfaff.

✨ Una saga íntima y épica sobre mujeres que cosieron su destino con hilo de resistencia ✨

Ciudad de México, verano de 2033. Una futura abuela abre un antiguo armario… y encuentra mucho más que una reliquia: **la máquina de coser Pfaff de su abuela**.

Al poner en marcha el pedal, también despiertan los **secretos, leyendas y pasiones de una familia marcada por la historia de México**:

✓ Desde el auge del comercio del palo de tinte

en Campeche
✓ Hasta los suspiros de una joven enamorada en el siglo XIX

Con **calidez, humor y una extraordinaria sensibilidad**, *Ysabel* te lleva a un viaje inolvidable a través del tiempo. Una mujer que teme al olvido decide inmortalizar su legado para su nieta, **tejiendo memorias, dolores, amores y enseñanzas con la aguja de la palabra**.

Si amas las sagas familiares, las historias con alma y los personajes femeninos que trascienden su época... esta novela te espera.

📚 *Descubre el poder de las raíces, el valor de las mujeres que nos precedieron y la belleza de reencontrarnos con quienes somos, puntada a puntada.*

Bajo la Sombra del Narcisista, de Angélica Larios terminó de editarse a los diez días del mes de diciembre del dos mil veinticinco.

Página final

Puedes acceder a nuestra página y consultar los puntos de venta de este libro en:

www.ingramcontent.com/pod-product-compliance
Lightning Source LLC
LaVergne TN
LVHW010647110826
845149LV00014B/2979
9786072982147